W0070545

Winfried Henze

Glauben ist schön

Briefe an Kerstin

Ein katholischer Familienkatechismus

Die Deutsche Bibliothek – CIP-Einheitsaufnahme

Henze, Winfried:

Glauben ist schön : Briefe an Kerstin ;
ein katholischer Familienkatechismus / Winfried Henze. –
6., überarb. und neugestaltete Aufl. – München : Bernward bei Don Bosco, 1998
    ISBN 3-7698-0887-8

6., überarbeitete und neugestaltete Auflage / ISBN 3-7698-0887-8
© 1998 Bernward bei Don Bosco, München
Umschlag und Gestaltung: Margret Russer
Umschlagfoto: Peter Santor
Druck und Bindearbeiten: Druckerei Gebr. Bremberger KG, München

Gedruckt auf umweltfreundlichem Papier

Vorwort zur Neuauflage

Das Geschenk des christlichen Glaubens wird in erster Linie in der Familie weitergegeben. In der elterlichen Liebe erfährt das Kind etwas von der Liebe Gottes. Die Familie ist der Lebensraum, in dem das Kind religiösen Deutungen, Vollzügen und Zeichen zuerst begegnet, in dem es zuerst erfahren kann, was es heißt, Mitglied einer Glaubensgemeinschaft zu sein. Keine Katechese, kein Religionsunterricht, kein pastorales Konzept kann daher die Familie als Erfahrungs- und Lernort des Glaubens ersetzen.

Wo der Glaube lebt und gelebt wird, da erwacht auch das Bedürfnis, das Gelebte und Geglaubte geistig tiefer zu durchdringen und es sprachlich zum Ausdruck zu bringen. In den Familien sind es gerade die Kinder, die durch ihre Fragen zum gemeinsamen Nachdenken über Glaubensfragen anregen. Eltern erfahren, wie schwierig es sein kann, auf die religiösen Fragen ihrer Kinder zuverlässige und angemessene Antworten zu finden. Wo die Fragen ernst genommen werden, können sie daher Anlaß sein nicht nur für die Glaubensvermittlung sondern auch für die persönliche Glaubensvertiefung.

Der Familienkatechismus von Pastor Winfried Henze kann für die gemeinsame Suche nach Antworten auf Glaubensfragen ein hervorragender Begleiter sein. Das Buch gibt verläßliche Auskunft über die Inhalte des christlichen Glaubens und versteht es, diese in lebendiger und leicht verständlicher Sprache zu vermitteln. Die Tatsache, daß das Buch nun schon in der 6. Auflage erscheint, zeigt, daß es breiten Zuspruch findet und bereits vielen geholfen hat, die „Schönheit" des Glaubens zu entdecken oder wiederzufinden.

Ich freue mich über die Neuauflage der „Briefe an Kerstin" und wünsche allen, die den Familien-Katechismus zu Rate ziehen, Gottes Segen beim Bemühen um die Vertiefung und Vermittlung ihres Glaubens.

+ Walter Kasper

Dr. Walter Kasper, Bischof von Rottenburg-Stuttgart

Zu diesem Buch

Mitte der achtziger Jahre ist im Auftrag der Deutschen Bischofskonferenz der Katholische Erwachsenenkatechismus erschienen und vor allem von solchen dankbar begrüßt worden, die im Dienst der Glaubensverkündigung stehen. Zugleich wurde der Wunsch lebendig, die dort dargelegte Glaubenslehre möge in eine leichtverständliche Sprache für jedermann übersetzt werden.

Dieser Aufgabe sollten kurze Kapitel dienen, die in norddeutschen Kirchenzeitungen erschienen. Sie fanden gute Resonanz, so daß ich mich daranmachte, die Arbeit fortzusetzen. So ist dieses Buch entstanden.

Prof. Dr. Walter Kasper, der Hauptverfasser des Erwachsenenkatechismus, hat damals viele nützliche Hinweise gegeben und auch jetzt, als Bischof von Rottenburg, den überarbeiteten Text geprüft. Dank gebührt auch Prälat Nikolaus Wyrwoll, der manches aufgrund seiner Erfahrungen im vatikanischen Sekretariat für die Einheit der Christen beigesteuert hat, Pastor Gerhard Isermann, der als evangelischer Pressekollege einige ökumenisch wichtige Teste geprüft hat, und Heiko Klinge, der das Ganze als Familienvater gegengelesen hat.

Nach zehn Jahren erschien es angebracht, Sprachgestalt und manche Akzente des Buches auf den Prüfstand zu stellen. Dieser Aufgabe hat sich dankenswerterweise der Don Bosco Verlag unterzogen. Möge es wieder vielen helfen, die Freude am Glauben neu zu entdecken.

Winfried Henze

Wie das Buch gemeint ist

Ein Briefwechsel wird ernst – und bleibt doch fröhlich

Wir haben sie Kerstin genannt, sie hätte ebensogut auch Julia heißen können, oder Anne oder Jennifer – und natürlich auch Christian oder Daniel oder Lukas, denn an die Jungen sind unsere Briefe genauso gerichtet wie an die Mädchen, an alle Jugendlichen, die tiefer über sich selbst, über Gott und die Welt nachdenken und einen Sinn in ihrem Leben suchen. Ihnen sollen diese Briefe die Schönheit des Glaubens zeigen.

Der Absender der Briefe ist Onkel Franz, Kerstins Tauf- und Firmpate. Ebensogut hätte es auch ein Vater, eine Oma, eine Lehrerin, ein Priester sein können, irgendein Erwachsener, der ein Herz für die Jungen und Mädchen von heute hat.

Kerstin – so darf man sich das vorstellen – ist schon als Sechsjährige gern zu ihrem Onkel gefahren, er hatte immer Zeit für sein Patenkind, steckte voller Späße und lustiger Geschichten. Viel zu schnell gingen die Besuche vorüber. Danach setzten die beiden ihren Gedankenaustausch fort. Kerstin schickte Postkarten, sobald sie einigermaßen schreiben konnte, und Franz gab Antwort. Die beiden hatten sich immer eine Menge zu erzählen.

Eines Tages wird dieser Briefwechsel sehr ernst. Der plötzliche Tod ihres Vaters hat Kerstin hart getroffen. Sie fängt an, nach dem Sinn des Lebens zu fragen, sie sucht Halt und Trost. Der Pate versteht Kerstin. Er ist jemand, der sich seit langem mit Glaubensfragen auseinandersetzt und beschäftigt. Er steht auf dem Standpunkt: Halt gibt uns auf die Dauer nur der Glaube in seiner ganzen Fülle und Schönheit. Die will er seinem Patenkind erschließen. So geht er gern auf Kerstins Fragen ein, aber er versucht von Anfang an, Ordnung in den Briefwechsel zu bringen und den katholischen Glauben systematisch darzulegen.

Manchmal hat Kerstin skeptische Rückfragen, manchmal bringt sie durch eigene Gedanken das Glaubensgespräch voran. Ab und zu fügt der Onkel seinen Briefen noch Zettel bei, auf denen Merksätze oder Kurztexte zum Thema stehen. Kerstin notiert sich ihre Gedanken, manchmal trägt sie eine Formulierung bei, die sie aus dem Religionsunterricht mitgebracht hat. Das alles klebt sie in das Album, in dem sie die Briefe des Onkels sammelt. So entsteht aus Briefen und Notizen ein Glaubensbuch.

Ein Gedankenaustausch zwischen Jung und Alt also. Leser aller Altersstufen sollen sich in das Gespräch hineinziehen lassen und so nach und nach die Schönheiten des Glaubens entdecken. Am schönsten wäre es, wenn die Kapitel unseres Buches zum Gesprächsthema in den Familien würden.

Die Kerstin-Briefe folgen dem Gedankengang des Großen Glaubensbekenntnisses. So ergeben sich drei Hauptteile:

- **Gott der Vater**
- **Jesus Christus**
- **Das Werk des Heiligen Geistes.**

Genauso ist der 1. Teil des Erwachsenenkatechismus gegliedert, den die Deutsche Bischofskonferenz 1985 herausgegeben hat. Unser Kerstin-Buch ist also für Leser, die weiterfragen, auch als Einstieg in diesen Katechismus gedacht, auf dessen Kapitel in der Inhaltsübersicht am Ende des Buches hingewiesen wird.

Nach dem Glauben fragen ist eine ernste Sache. Und doch liegt über allen Darlegungen dieses Firmpaten die Fröhlichkeit eines dankbaren Menschen. Christ sein heißt sich von Gott beschenken lassen – so lautet einer der wichtigsten Sätze dieses Buches. Es will zeigen, wie groß das Geschenk der göttlichen Offenbarung ist, wie schön es ist zu glauben.

Christ sein heißt sich von Gott beschenken lassen.

Gott, der Vater

Wenn das Leben zur Frage wird

Bist du stärker als ich? fragt Kerstin

Liebe Kerstin!

Du hast mir einen langen Brief geschrieben, und ich möchte Dir gleich darauf antworten. Schwere Wochen liegen hinter Dir. Das Leben hat Dir wohl das Bitterste zugemutet, was einem Mädchen, kaum 15 Jahre alt, geschehen kann. Du hast Deinen Vater sehr lieb gehabt und kannst es bis heute nicht begreifen, daß er durch jenen schrecklichen Verkehrsunfall im Juni aus unserer Mitte gerissen wurde. Ich kann mir vorstellen, daß Du tiefen Schmerz fühlst und mit den Tränen kämpfst, wenn du an ihn denkst oder ein Foto von ihm siehst. Und sicher fragst Du: Warum mußte das passieren? In Deinem Brief hast Du geschrieben: „Ich sehe in meinem Leben überhaupt keinen Sinn mehr." Ich kann es nachfühlen, liebe Kerstin, Du bist traurig und weißt nicht, was Du zu all dem sagen sollst.

In Deinem Brief stellst Du mir nun aber eine Frage, die ich gar nicht so leicht beantworten kann. Warum ich so gefaßt gewesen sei, möchtest Du wissen. Und Du schreibst: „Schließlich ist mein Vater doch Dein Bruder gewesen. Du hast ihn doch bestimmt auch lieb gehabt. Aber Du hast am Grab nur wenig geweint, und dabei hast Du sogar noch meine Mutter bei der Hand genommen und sie getröstet. Bist Du stärker als Mutti und ich, und hat das vielleicht etwas mit Deinem Glauben zu tun?"

Liebe Kerstin! Ich habe diese Sätze aus Deinem Brief mehrmals hintereinander gelesen, und ich glaube, da muß ich zuallererst einen Irrtum ausräumen: Ich war und bin bestimmt nicht weniger traurig als Ihr beide. Dein Vater war mein kleiner Bruder, wir beide haben immer sehr aneinander gehangen. Und wenn ich auch versuche, als gläubiger Christ zu leben, wenn ich mich auch viel mit Glaubensfragen beschäftigt habe, so quält mich doch die Frage: Warum mutet Gott uns das zu? Gewiß gibt mir das Beten immer wieder Halt, aber täusche Dich nicht: Auch für mich gibt es dunkle Stunden. Dann habe ich das Gefühl, daß auch der Glaube längst nicht alle bohrenden Fragen klärt. Dann frage ich mich auch: Warum gibt es so viel Not in der Welt, Kriege, Krankheiten, Unterdrückung? Und ich frage: Wozu bin ich selber da, woher komme ich, wohin gehe ich?

Es sind dieselben Fragen, die Du in Deinem Brief gestellt hast. Ich will gern versuchen, Dir zu antworten, aber Du mußt wissen: Auch wenn man im katholischen Glauben aufgewachsen und fest geworden ist, wird man doch immer wieder vor neue Fragen gestellt. Für mich kommt hinzu, daß ich viele Änderungen in der Kirche miterlebt habe. Damit bin ich bis heute noch nicht ganz fertig, obwohl ich Theologie studiert und Religionsunterricht gegeben habe. So kann ich Dich, liebe Kerstin, nur bitten: Laß uns zusammen suchen und finden. Schreib mir bald wieder! Ich möchte Dir den Glauben in seiner ganzen Schönheit und Fülle erklären, aber ich habe nicht gleich auf jede Frage eine Antwort parat ...

Noch eines möchte ich dazu sagen: Wir wollen Deine Mutter nicht von diesem Gespräch ausschließen. Sie ist evangelisch, und Du schreibst, daß sie nur selten mit Dir über Glaubensfragen redet. Das ist auch nicht jedermanns Sache. Ich bin aber ganz sicher: Sie stellt sich ganz genau dieselben Fragen wie wir beide. Und wenn sie zu Dir sagt: „Frag Deinen Firmpaten!", so will sie Dich damit bestimmt nicht zurückweisen. Auf jeden Fall solltest Du ihr immer unsere Briefe zeigen, auch wenn in Zukunft viel Ernsteres und Wichtigeres drinsteht als früher, wo wir uns meist über Alltagsspäße unterhalten haben.

Für heute habe ich genug gesagt. Claudia stellt gerade ein paar frische Blumen vor das Bild deines Vaters. Er hat nämlich morgen Namenstag. Denkst Du auch daran, liebe Kerstin?

Es grüßt Dich herzlich
Dein Onkel Franz

Was die Wissenschaft kann – und was nicht

Am Ende:
Ein großes Fragezeichen

Liebe Kerstin!

Schneller als erwartet habe ich von Dir Antwort bekommen. Besonders schön finde ich den Gruß Deiner Mutter. Sie freut sich über unseren Briefwechsel. Sie hat ja damals mitgewirkt, als ich Dein Taufpate wurde, und gern zugestimmt, als Du mich später auch als Firmpaten ausgesucht hast. So ist sie selber mit dabei, wenn wir über Gott und die Welt unsere Gedanken austauschen.

Hast Du übrigens gemerkt, wie Dich Deine Gedanken hin und her zerren? In Deinem Brief fragst Du auf der einen Seite: „Glaube und Religion – sind sie nicht längst durch die Wissenschaft abgelöst? Müssen wir die Antwort nach dem Sinn aller Dinge nicht von den Forschern und Wissenschaftlern erwarten?" Dann aber klagst Du auf der nächsten Seite gerade über die moderne Wissenschaft und Technik: Sie bringt uns immer neue Gefahren, Zerstörung der Umwelt, unglaubliche Macht einzelner Menschen über viele andere, sogar die Möglichkeit, daß wir die ganze Erde vernichten. Auch Deine eigene Sorge, ob Du wohl den richtigen Beruf finden wirst, hat ja mit der Wissenschaft zu tun: Macht sie nicht durch die Computer und immer kompliziertere Maschinen viele Arbeitsplätze kaputt?

Was also gilt? – so frage ich zurück. Hilft uns die Wissenschaft – oder macht sie uns das Leben nur schwerer?

Als ich Kind war, gab es noch keine Antibiotika, viele Menschen mußten elendiglich an Lungentuberkulose sterben. Meine Oma hatte noch keine Waschmaschine, und in ihrer Kindheit hat es auf unserem Dorf noch keinen elektrischen Strom gegeben. Ich könnte Dir unzählige Beispiele aufzählen: Wissenschaft und Technik haben unser Leben leichter und schöner gemacht, sie haben vielen aus großer Not herausgeholfen. Man darf sie nicht verteufeln.

Auf der anderen Seite darf man sie auch nicht überschätzen. Auf die Frage, die uns beide bewegt, gibt die Wissenschaft keine Antwort. Wenn wir wissen wollen, wozu wir leben, welcher Sinn in allen Dingen steckt – dann muß die Naturwissenschaft passen. Sie kann vieles erforschen, sie kann uns viele neue Möglichkeiten verschaffen. Aber wir beide fragen ja nicht nach vielen einzelnen Dingen, sondern nach dem Ganzen. Wir wollen wissen, was hinter allem steckt. Darauf wollen und können die Naturwissenschaftler nicht antworten.

Es gibt zwar auch heute noch Menschen, die sagen: „Wir brauchen keine Religion mehr, wir vertrauen auf Wissenschaft und Technik." Aber solche Sätze hört man heutzutage immer seltener. Gerade ganz bedeutende Wissenschaftler wie Max Planck oder Werner Heisenberg haben nach vielen Jahren des Forschens bekannt, daß am Ende ein großes Fragezeichen stand: Woher, warum, wozu? Und sie haben mit großer Ehrfurcht vom Glauben an Gott gesprochen, von dem wir Antwort erwarten können. Ja, sie haben sogar gewarnt: Wenn Forscher und Techniker keinen Halt im Glauben an Gott haben, wird es finster auf der Erde. Gerade die moderne Naturwissenschaft verlangt, daß wir alle irgendwo einen tieferen Sinn und Halt finden.

Was wir beide tun, liebe Kerstin, ist also etwas Wichtiges, gerade in unserer Zeit. Wir fragen nach dem Sinn des Lebens, nach Gott und der Welt. Von dieser Frage wollen wir uns nicht abbringen lassen.

Herzliche Grüße sendet Dir Dein Onkel Franz

Religionen in der Welt

Nur ein riesiges Durcheinander?

Liebe Kerstin!

Du bist ein bißchen unzufrieden mit mir. In meinem letzten Brief habe ich erklärt, daß die Wissenschaft uns nicht den Sinn des Lebens offenlegen kann, aber Du möchtest gern wissen: Kann es denn die Religion? Es gibt so viele Religionen. Du hast mir von den Türken erzählt, die in eurer Straße wohnen, von den beiden vietnamesischen Mädchen, die in Deine Klasse gehen und Buddhisten sind. Und von den afrikanischen Religionen, über die Du im Fernsehen einen Bericht gesehen hast. Da fragst Du: Ist das nicht ein riesiges Durcheinander, diese vielen Religionen? Wie können die denn dem Menschen Klarheit und Sicherheit geben?

Darauf möchte ich Dir zuerst antworten: Bei allem „Durcheinander" haben die vielen Religionen doch eines gemeinsam: Sie machen Ernst damit, daß der Mensch sich nicht selber erklären kann, daß er von einer höheren Kraft getragen sein muß. Sie wollen die Menschen zu dem Großen und Heiligen führen, das hinter und über allen sichtbaren Dingen steht. Gewiß gibt es da auch schlimmen Aberglauben, Angst vor Geistern und ähnliches. Aber darüber darf man die Hauptsache nicht übersehen: Der Glaube schenkt den Menschen Halt und Sinn in ihrem Leben. Solange es die Menschen gibt, gibt es auch Religion.

Erst in unserer Zeit haben sich viele Menschen von jeglichem Glauben abgewendet. Angefangen hat dies vor ungefähr 200 Jahren mit einer Denkrichtung, die man „Aufklärung" oder „Rationalismus" nennt. Sie wollte alles in der Welt aus sich selbst erklären, ohne Gott. Im vorigen Jahrhundert hat dies zu scharfen Angriffen gegen den Glauben geführt. Karl Marx hat zum Beispiel behauptet, durch den Glauben würden die Menschen auf das Jenseits vertröstet und daran gehindert, für ihre Rechte zu kämpfen. In der Nazizeit hieß es überall: Was brauchen wir Religion und Gebet, wir vertrauen auf den „Führer" und auf die Kraft unseres Volkes. Du weißt selber, liebe Kerstin, was aus alledem geworden ist.

Ich frage mich allerdings auch: Haben an solchen Entwicklungen die gläubigen Menschen nicht ebenfalls Schuld? Ich meine das auf eine doppelte Weise.

Einmal ist im Namen des Glaubens oft die Grenze zu den Naturwissenschaften überschritten worden. Zum Beispiel, als Galilei behauptete, daß sich die Erde um die Sonne dreht, und maßgebende Männer der Kirche meinten, das sei mit dem Glauben nicht vereinbar. Um die Entwicklung des Menschengeschlechtes stritt man sich im vorigen Jahrhundert: Kommt der Mensch von Gott oder stammt er vom Affen ab? Es war, wie wir heute wissen, eine falsch gestellte Frage, vielleicht kann ich Dir das später erklären. Aber solche Sachen haben dazu geführt, daß manche Menschen nicht mehr glauben wollten. Sie sagten: Der Glaube ist überholt, er führt uns in die Irre. Sie hatten Grenzüberschreitungen der Glaubensverkünder mit dem Glauben als solchem verwechselt – so etwa, als wäre ich gegen die ärztliche Kunst, weil es Ärzte gegeben hat, die Krankheiten ganz falsch behandelt haben ...

Der zweite Grund ist wichtiger: Viele wenden sich vom Glauben ab, weil er nicht überzeugend gelebt wird. Sie sagen: Auch gläubige Christen sind oft schlecht, die Kirche selber hat oft ihre Macht mißbraucht. Damit haben sie recht, und wir Christen müssen solche Vorwürfe ernst nehmen. Aber wir dürfen auch zurückfragen: Seid ihr gegen die Musik, weil es schlechte Musiker, seid ihr gegen den Sport, weil es schlechte Sportler gibt? Und weiter: Welche Lösung bietet denn der Unglaube?

Glaube kann schwierig sein, liebe Kerstin, aber er eröffnet uns Wege, den Sinn aller Dinge zu ahnen. Der Unglaube ist wie eine zugeschlagene Tür. Er raubt den Menschen die Hoffnung, macht sie orientierungslos und traurig. Wir aber suchen doch nach allem Bitteren, das uns getroffen hat, wieder neue Freude. Richtig glauben müßte man können, das wäre schön!

Mit herzlichen Grüßen Dein Franz

Die Welt

☞ stellt uns vor viele Fragen: Warum, woher, wohin?

☞ wird von Wissenschaft und Technik erforscht, berechnet, beschrieben und verändert – aber nicht nach ihrem letzten Woher und Wozu erklärt.

☞ läßt durch ihre Schönheit, Größe und Vielfalt ahnen, daß ein Wesen von unvorstellbarer Gestaltungskraft hinter ihr steckt.

Glaube

☞ erklärt gewiß nicht alle offenen Fragen der Welt und des Lebens.

☞ antwortet nicht auf naturwissenschaftliche Probleme.

☞ ist in den vielen Religionen und bei vielen Menschen mit Irrtum, Aberglaube oder Fanatismus vermengt.

☞ gibt den Menschen jedoch Zugang zu dem Größeren, das hinter allem steht.

☞ bedeutet für die Menschen Halt und Sinnerfüllung.

Galileo Galilei (1564 – 1642) war ein genialer Naturforscher, er entdeckte das Trägheitsgesetz und die Fallgesetze und machte viele astronomische Entdeckungen. Er war von der Lehre des Domherren Kopernikus überzeugt, daß die Erde sich um die Sonne dreht und nicht umgekehrt. Leitende Männer der Kirche meinten damals, dies sei mit der Bibel nicht vereinbar und verboten Galilei, seine Theorie öffentlich vorzutragen. Das war eine Grenzüberschreitung, die der Kirche viel Schaden und Feindschaften eingebracht hat. Bibel und Glaube sagen nichts über naturwissenschaftliche Fragen.

Albert Einstein (1879 – 1955), Physiker, Begründer der Relativitätstheorie: „Jedem tiefen Naturforscher muß eine Art religiösen Gefühls naheliegen, weil er sich nicht vorzustellen vermag, daß die ungemein feinen Zusammenhänge, die er erschaut, von ihm zum erstenmal gedacht werden. Im unbegreiflichen Weltall offenbart sich eine grenzenlos überlegene Vernunft."

Max Planck (1858 – 1946), Begründer der Quantentheorie in der modernen Physik: „Religion und Naturwissenschaft – sie schließen sich nicht aus, wie manche heutzutage glauben oder fürchten, sondern sie ergänzen und bedingen einander." „Gott steht für den Gläubigen am Anfang, für den Physiker am Ende alles Denkens."

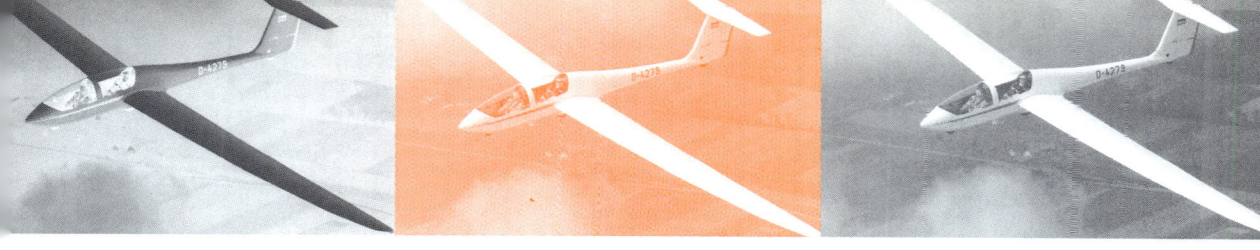

Wege der Gotteserkenntnis

Wenn das Herz vor Freude springen will

Liebe Kerstin!

Ich gratuliere! Du bist zum ersten Mal mit einem Segelflugzeug mitgeflogen. Es hat Dich begeistert, wie Ihr da über der Landschaft geschwebt seid, wie die Wälder, Wiesen, Felder und Dörfer da unter Euch im Sonnenschein lagen, wie Du selber voller Begeisterung gerufen hast: „Ist das schön!" Mich hast Du mit dieser Schilderung an meine erste Klettertour in den Alpen erinnert. Als wir endlich den Gipfel erklommen hatten, wollte mir fast das Herz zerspringen vor Freude über die schöne Welt, die da unter uns ausgebreitet lag. Nein, liebe Kerstin, Du brauchst Dich nicht zu schämen, wenn Du in solchen Augenblicken fast vor Freude weinen möchtest, wenn Du alles um Dich herum vergißt. Solche Augenblicke sind kostbar. Wir spüren, daß wir zur Freude geboren sind. Wir wünschen uns so sehr: Möchte doch die Freude immer stärker werden, möchte sie doch von Dauer sein, nie wieder aufhören ...

Aber dann hast Du abends wieder auf das Bild Deines Vaters geschaut, und es hat Dich in tiefe Traurigkeit gerissen. Jetzt fragst Du mich: Woher diese Stimmungsschwankungen? Liegen sie an meiner körperlichen Entwicklung? Muß ich sie bekämpfen?

Gewiß wird ein erwachsener Mensch nicht mehr so von Stimmungen hin- und hergerissen wie Du. Aber was Du erzählst, zeigt doch ein Grundverlangen des Menschen an. Wir Erwachsenen wären arm dran, wenn wir uns von solchen Erlebnissen nicht mehr packen ließen. Sie führen uns zu Gott. Das will ich Dir näher erklären.

Jede Freude weist über sich hinaus, läßt uns eine noch viel größere Freude herbeisehnen, die es auf der Welt gar nicht geben kann. Diese Sehnsucht liefe ins Leere, wenn es Gott nicht gäbe. Er allein kann sie erfüllen.

Umgekehrt: Alle Trauer, die uns packt, läßt uns nach einem Trost Ausschau halten, der nicht wieder verwehen kann. Gibt es den auf der Welt? Natürlich tut es uns gut, wenn liebende Menschen sich uns zuwenden und uns trösten. Aber immer spürt man: Dieser Trost hat Grenzen. Es müßte doch einen viel größeren Trost, eine alles übersteigende Liebe geben. Ich glaube: Diese Sehnsucht steckt in jedem Menschen. Sie kann aber auf dieser Welt nicht erfüllt werden. Sie wäre sinnlos, wenn es Gott nicht gäbe.

Gott – oder Sinnlosigkeit: Darauf läuft es hinaus, liebe Kerstin. Laß uns noch einem weiteren Gedankengang folgen:

Die Forscher entdecken immer neue Schönheiten der Welt, mit dem Elektronenmikroskop zum Beispiel spüren sie immer neue Zusammenhänge auf. Die Welt ist bis in kleinste Einzelheiten hinein geregelt. Alles läuft nach Gesetzen ab, die von den Wissenschaftlern entdeckt und nachvollzogen werden können. Wie kommt diese Ordnung in die Welt? Von selber? Das kann doch wohl nicht sein. Eine solche gewaltige Gedankenarbeit setzt doch einen ungeheuer scharfen Verstand voraus, der von uns Menschen nur erahnt werden kann. Gott hat die Welt erdacht, deshalb ist sie kein sinnloses Durcheinander, sondern kann von denkenden Menschen erforscht werden. Über die Welt nachdenken: Das ist ein Weg zu Gott!

Laß Dich durch Deine Hoch- und Tiefstimmungen nicht verwirren. Sie sind nicht die Dummheiten eines kleinen Mädchens, sondern Wege zu Gott. Nicht anders als so manche tiefschürfenden Gedanken von Philosophen und Denkern. Gott finden: Wird es uns nicht manchmal leicht gemacht?

Ich wünsche Dir noch manches schöne Erlebnis und grüße dich herzlich!

Dein Franz

Von der Ferne und der Nähe Gottes

Kerstin sagt: Ich will Gott erleben!

Liebe Kerstin!

„Schön und gut", schreibst Du, „was wir da über die Wege zur Gotteserkenntnis gesagt haben. Aber bleibt Gott uns nicht merkwürdig fern dabei?" Du möchtest ihn persönlich erleben, so wie Du Deinen Vater erlebt hast. Ihm nahe sein, ihm vertrauen. Aber alles, was wir bisher miteinander bedacht haben, läßt uns Gott höchstens ahnen. Wir spüren: Er ist doch ganz anders, wir können ihn nicht begreifen.

Damit hast Du vollkommen recht. Doch auch wenn es Dich zunächst enttäuscht, möchte ich Dir sagen: Gott wird uns immer unbegreiflich bleiben. Er ist ja unendlich, er ist immer noch weit größer als die größten Gedanken, die wir über ihn denken. Es kann gar nicht anders sein: Wenn wir über Gott nachdenken, kommen wir bald an einen Punkt, wo unser Denken nicht mehr weiterkommt, wo erst recht unsere menschlichen Worte nicht ausreichen, um seine geheimnisvolle Größe zu beschreiben. Zum Beispiel fragen viele: Wieso gibt es so viel Böses in der Welt, obwohl Gott das Gute will und allmächtig ist?

Gott bleibt für uns immer undurchschaubar. Er ist letztlich nicht zu begreifen. Das geben die meisten Menschen gern zu. Aber merkwürdig: Wenn ihr Denken dann an eine solche Grenze stößt, werden viele nervös. Dann sagen sie wohl: Ich kann Gott nicht verstehen, wie soll sich das alles zusammenreimen ich kann nicht mehr an Gott glauben! Liebe Kerstin: Das sind Trugschlüsse, die einen nicht weiterbringen. Es ist genau umgekehrt: Wenn einer so von Gott reden würde, als ob alles einfach wäre und problemlos aufgehen würde – dann hätte er uns Gott bestimmt ganz falsch dargestellt. Gott ist größer als unser Verstand. Alles, was wir über ihn sagen können, trifft immer nur ein bißchen zu. Er bleibt für uns immer ein undurchdringliches Geheimnis.

Ich höre schon Deinen Protest: „Aber das ist es ja gerade! Was nützt mir ein Gott, der so weit weg und nicht zu begreifen ist! Ich möchte ihn nicht nur ahnen, ich möchte mit ihm sprechen, ihn lieben, in ihm geborgen sein!"

Liebe Kerstin! Hier muß ich Dir etwas von mir selber erzählen. Ich habe beides schon erlebt: daß Gott mir fern und unbegreiflich schien – und dann auch wieder, daß ich ihn ganz nahe fühlte. Fern war er mir, wenn ich mit klugen Gedanken an ihn heranwollte, wenn ich grübelte und Probleme wälzte. Nahe war er mir, wenn ich daran dachte, wie er selber Menschen angesprochen hat. Ich spürte: So wie er damals – zum Beispiel – Abraham gerufen hat, so ruft er jetzt mich. Manchmal lese ich in der Bibel, und dann packt es mich immer wieder: Gott bleibt nicht fern. Er spricht uns an. Er kommt uns nahe. Wir können ihn erleben.

Gott hat also Abraham gerufen. Der hat sein Haus und all seine Habe verlassen und ist in die Wüste gewandert. Er hat sich Gott ausgeliefert. Nur noch Gott war seine Hoffnung und Sicherheit. Er glaubte.

Die Bibel erzählt so etwas von vielen Menschen. Sie haben geglaubt, und das heißt: Sie haben sich Gott in die Arme geworfen. So haben sie seine Größe und seine Liebe gespürt und erfahren.

Liebe Kerstin! Du hast ganz recht, wenn Du sagst: „Ich möchte Gott persönlich erleben." Das ist ja unsere große Freude: Er hat es möglich gemacht. Deshalb lohnt es sich, in der Bibel zu lesen. Sie erzählt, wie Gott sich den Menschen mitteilt, wie er sich „offenbart". Keiner war ihm so nahe wie Jesus, sein Sohn. Er hat uns Gott ganz nahegebracht.

Wenn dies alles, was uns die Bibel erzählt, nicht geschehen wäre – ich glaube, dann würde es sich gar nicht lohnen, von Gott zu reden. Dann bliebe er uns immer fern. Gott sei Dank hat er es selber anders gewollt. Er bleibt der Unendliche, der „ganz Andere", aber er kommt uns nahe. Er hat selber das Geheimnis aufgerissen.

Mit herzlichen Grüßen
Dein Franz

Große Glaubensbekenntnis angestimmt wurde, ist mir zum erstenmal aufgegangen, weshalb es in unserem „Gotteslob" nicht heißt „Ich glaube", sondern „Wir glauben".

Was fast noch wichtiger war: Ich spürte den Atem der Jahrhunderte. Unter dem Hochaltar ist das Grab des heiligen Petrus. Er hat im Auftrage Jesu den Glauben verkündet, zusammen mit den anderen Aposteln. Ihr Werk haben andere fortgesetzt – bis heute. Wer glaubt, ist nicht allein. Er ist eingereiht in die große Schar der Glaubenden aller Jahrhunderte.

An diesen großen Zusammenhang mußt Du denken, Kerstin, wenn Du im Glaubensbekenntnis zuweilen auf schwer Verständliches stößt. Zum Beispiel, wenn es da über Jesus heißt: „gezeugt, nicht geschaffen, eines Wesens mit dem Vater". Da sagen manche: Das verstehe ich nicht. Das geht mich nichts an. Darauf kann ich verzichten.

Ich habe zeitweise auch so gedacht. Aber heute kann ich Dir sagen: Manche Glaubenssätze gehen einem erst nach vielen Jahren auf. Plötzlich begreift man ihre Bedeutung. Und dann ist man der Kirche dankbar, daß sie die betreffende Wahrheit nicht über Bord geworfen hat, auch wenn sie vielen unverständlich war.

Freilich muß die Kirche sich bemühen, die Wahrheiten des Glaubens immer wieder neu auszudrücken und tiefer in sie einzudringen, damit die Menschen der jeweiligen Zeit sie verstehen können. Beim Zweiten Vatikanischen Konzil 1962 bis 1965, zum Beispiel, hat sie das umfassend getan. Seitdem werden manche Sätze anders formuliert als früher. Aber es ist doch der gleiche Glaube. Was einmal Wahrheit war, kann nicht ungültig werden.

Ich bin dankbar, liebe Kerstin, daß die Kirche die Fragen und die Denkweisen der Zeit aufgreift und nicht nur immer dieselben Sätze wiederholt. Ich weiß dann: Als Glaubender bin ich mit der Kirche unterwegs. Ich bin nicht allein. Hier wird gemeinsam geglaubt. Hier wird auch heute noch im Namen Jesu der Glaube verkündet.

Verstehst Du jetzt, warum ich die Kirche liebe, obwohl ich genau weiß daß ihre Mitglieder – bis hinauf zum Papst – auch schwere Fehler machen können? Ich lege Dir ein Foto von Deinem Vater und mir vor dem Petersdom bei. Das kannst Du Dir an Deine Pinnwand heften, neben Vatis Bild.

Es grüßt Dich herzlich
Dein Franz

Wozu brauchen wir „Dogmen"?

Glaube zwischen Zwang und Freiheit

Liebe Kerstin!

„ Ich habe es mir fast gedacht: Meine Begeisterung für die Kirche kannst Du nicht so recht teilen. Gewiß: Du bist in der Kirche zu Hause. Du hast das Bild vom Petersdom neben das Bild Deines Vaters geheftet. Du weißt, daß er die Kirche geliebt hat. Aber Du hast auch Deine Probleme damit: Kirche – das bedeutet doch auch Zwang. Damit meinst Du nicht bloß, daß man sonntags zur Kirche gehen muß, auch wenn man keine Lust hat. Du gehst der Sache auf den Grund und sagst: Die Kirche schränkt mich in meiner Freiheit ein. Sie schreibt mir vor, was ich denken und glauben muß. Mit ihren Dogmen ist sie eine starre Einrichtung, die mir nicht gefällt ...

Du mußt nicht meinen, liebe Kerstin, daß mich Deine Ansicht erschreckt. Ich habe selber oft so gedacht. Aber heute muß ich Dir lebhaft widersprechen, und zwar wegen unserer Hauptfrage. Sie hieß: Wie kann ich glauben? Und ich bin der Meinung: Das kann ich nur, wenn die Kirche den Glauben klar verkündet und es nicht jedem überläßt, sich etwas aus der großen Überlieferung herauszusuchen. Was wäre das für eine Kirche, in der jeder etwas anderes glaubt? Welchen Halt hätte ich dann noch an ihr?

Was ich wichtig finde: Die Kirche setzt nicht einfach Glaubenslehren fest. Schon die Apostel fühlten sich an das gebunden, was Jesus getan und gelehrt hatte. Als sich die ersten Gemeinden der Urkirche bildeten, wurde überall der Glaube weiterverkündet und wurden die heiligen Schriften gelesen, die wir das Alte Testament nennen. Die Apostel schickten Briefe an die Gemeinden die bei den Gottesdiensten vorgelesen wurden. Bald schrieb man auch das Wichtigste auf, was überall von Jesu Taten und Lehren, besonders von seinem Tod und seiner Auferstehung, verkündet worden war. Aus allen diesen Texten ist das Neue Testament entstanden. Die Kirche legt uns die Heilige Schrift vor. Sie hat festgesetzt, welche Schriften dazugehören und welche nicht. Damit ist die Kirche auch selber gebunden: Die Heilige Schrift ist *die* Quelle unseres Glaubens.

Aber Du weißt ja selber, was Sekten manchmal mit der Bibel machen, was sie da alles herauslesen. Die Bibel kann man nicht losgelöst von der Gesamt-verkündigung der Kirche lesen. Erst im Glauben der Kirche – wo sie sich ent-wickelt hat – werden die Aussagen der Bibel klar und eindeutig. Der Papst und die anderen Bischöfe müssen dafür sorgen, daß dieser Zusammenhang nicht verlorengeht. Sie müssen falsche Lehren zurückweisen. Das bedeutet aber nicht, daß sie „Macht über die Bibel" hätten. Im Gegenteil: Sie müssen der Wahrheit dienen, die Gott seiner Kirche anvertraut hat und die uns in der Bibel begegnet. Ein „Dogma" – Du hast diesen Ausdruck benutzt – ist ein fest-gelegter Lehrsatz. Ist es Zwang, wenn die Wahrheit klargestellt wird? Wäre es Freiheit, wenn die Kirche uns einfach in Irrtümer laufen ließe?

Am Ende dieser Überlegungen, liebe Kerstin, möchte ich Dich noch einmal an das erinnern, was wir vor ein paar Wochen über den Glauben gesagt haben. Glauben heißt: sich Gott in die Arme werfen. Es ist gut, wenn uns die Kirche den Glauben klar verkündet, aber leben müssen wir ihn selber. Manchmal möchte ich sagen: Das Wichtigste ist gar nicht, *was* ich glaube, sondern *wem* ich glaube. Gott selber nämlich, der in Jesus zu uns gesprochen hat; der es in der Kirche, der Gemeinschaft der Glaubenden, heute noch tut!

Glauben ist etwas Persönliches, nicht bloß ein Gebäude von Lehrsätzen. Im Glauben wollen wir Jesus persönlich begegnen. Es wird Zeit, liebe Kerstin, daß wir nach all den schwierigen Überlegungen mehr von Jesus reden!

Herzlich grüßt Dich
Dein Franz

Die Kirche

☞ ist die Gemeinschaft der Glaubenden.

☞ verkündet den Glauben.

☞ stellt uns die Heilige Schrift als *die* Glaubensquelle vor.

☞ ist selber an die Überlieferungen des Glaubens gebunden.

☞ muß die Wahrheiten des Glaubens immer neu auslegen.

☞ legt Glaubenssätze (Dogmen) fest, damit wir Richtlinien haben und einen gemeinsamen festen Halt.

Das große Glaubensbekenntnis von Nizäa-Konstantinopel:

Wir glauben
an den einen Gott,
den Vater, den Allmächtigen,
der alles geschaffen hat,
Himmel und Erde,
die sichtbare
und die unsichtbare Welt.
Und an den einen Herrn,
Jesus Christus,
Gottes eingeborenen Sohn,
aus dem Vater geboren vor aller Zeit:
Gott von Gott, Licht von Licht,
wahrer Gott vom wahren Gott,
gezeugt, nicht geschaffen,
eines Wesens mit dem Vater;
durch ihn ist alles geschaffen.
Für uns Menschen
und zu unserem Heil
ist er vom Himmel gekommen,
hat Fleisch angenommen
durch den Heiligen Geist
von der Jungfrau Maria
und ist Mensch geworden.
Er wurde für uns gekreuzigt
unter Pontius Pilatus,
hat gelitten und ist begraben worden,
ist am dritten Tage auferstanden
nach der Schrift
und aufgefahren in den Himmel.
Er sitzt zur Rechten des Vaters
und wird wiederkommen
in Herrlichkeit,
zu richten die Lebenden
und die Toten;
seiner Herrschaft
wird kein Ende sein.
Wir glauben an den Heiligen Geist,
der Herr ist und lebendig macht,
der aus dem Vater und dem Sohn
hervorgeht,
der mit dem Vater und dem Sohn
angebetet und verherrlicht wird,
der gesprochen hat
durch die Propheten,
und die eine, heilige, katholische
und apostolische Kirche.
Wir bekennen die eine Taufe
zur Vergebung der Sünden.
Wir erwarten
die Auferstehung der Toten
und das Leben
der kommenden Welt. Amen.

Gotteserkenntnis aus der Bibel

Die aufregendste Geschichte der Welt

Liebe Kerstin!

Es nervt Dich, daß Ihr in der Schule das Alte Testament durchnehmt, und Du sagst: Aus dem Alter bin ich doch heraus. Wenn einem Asterix und Obelix keinen Spaß mehr machen, ist es auch mit David und Goliath vorbei oder mit Moses Durchzug durch das Rote Meer. Alte Geschichten, was soll's?

Wieder einmal muß ich zugeben, liebe Kerstin, daß ich auch oft so gedacht habe. Erst nach und nach ist mir aufgegangen, daß uns da in den Büchern der Bibel die aufregendste Geschichte erzählt wird, die es überhaupt gibt, nämlich: wie die Menschen Gott entdeckt haben, besser gesagt: wie Gott sich den Menschen zu erkennen gegeben hat.

Natürlich gab es immer Vorstellungen von etwas Göttlichem. Die Menschen haben geahnt, daß etwas Größeres über ihnen sein müsse. Aber das war bei den vielen alten Völkern, auch bei den Römern und Griechen, doch alles ziemlich wirr, und vor allem fehlte oft gerade das, was wir beide als das Wichtigste entdeckt haben: daß man Gott persönlich erleben kann ...

Da wird Abraham persönlich gerufen. Ein Mensch beginnt, Gott ganz zu vertrauen. Er spürt, wie der Mächtige ihn führt.

Da wird Mose aus dem brennenden Dornbusch gerufen: Er soll das Volk Israel aus der Knechtschaft Ägyptens herausführen. Aber er soll das nur als Stellvertreter. In Wirklichkeit ist es Gott selber, der befreit und herausführt, der sich seinem Volk zuwendet, der es liebt wie eine Braut, der es durch Meer und Wüste geleitet, schützt und umhegt, ihm die Gebote als Lebensrichtschnur gibt, mit ihm einen Bund schließt.

Da wird uns erzählt, wie das Volk immer wieder abtrünnig wird, wie Gott Strafen verhängt und doch auch wieder Erbarmen zeigt. Wir erfahren, wie das Volk Israel seiner Sünden wegen in Katastrophen stürzt, wie es (im Jahre 586 vor Christus) in die Gefangenschaft nach Babylon abgeführt wird – und gerade in dieser furchtbaren Situation doch wieder Gottes Nähe und Führung spüren darf, wie ihm Männer geschickt werden (die Propheten), die es im Namen Gottes zu Gehorsam und Gerechtigkeit zurückrufen.

Was mich an alledem so begeistert: Hier tritt uns Gott lebendig gegenüber. Es wird nicht alles mögliche Kluge über ihn geredet, sondern er selber greift ein. Er spricht. Er handelt. Er liebt. Er straft. Er vergibt. Und dabei wird im Laufe von Jahrhunderten immer deutlicher, wer er ist: nicht irgendeine ferne, unnahbare Macht, sondern unser Vater, Hirt, König, Geliebter. Genau das, was wir beide suchen, ist hier durch die Geschichte Israels der ganzen Menschheit geschenkt worden – besonders auch den Juden und Muslimen, die vieles hiervon mit uns gemeinsam haben: Gott, der für uns da ist.

Dies alles wird uns durch Jesus Christus aber erst völlig klar. Erst Jesus macht die Botschaft von Gott endgültig zu einer Freudenbotschaft. Er redet Gott in ganz einmaliger Weise als „Vater" an und lehrt uns, dasselbe zu tun. Gewiß bleibt auch in seiner Verkündigung Gott immer der Allmächtige, der Herr und Richter. Aber er bietet uns seine ganz persönliche Liebe an, auch wenn wir Sünder, Ohnmächtige, Verachtete sind. Seine Treue und Allmacht erweisen sich zu allerletzt im Tod und in der Auferweckung Jesu: Er wird uns alle retten, wir werden sein Volk sein! Was mit einzelnen Menschen (wie z. B. Abraham) und mit einem einzelnen Volk (Israel) begonnen hat, wird der ganzen Menschheit geschenkt: Gott liebt uns Menschen, jeden einzelnen von uns.

Seitdem ich dies als den Grundgedanken der Bibel erkannt habe, liebe Kerstin, regt es mich auch nicht mehr auf, wenn ich die eine oder andere Einzelheit in der Heiligen Schrift nicht begreife. Das Ganze ist es, was mich begeistert: Gottes Geschichte mit den Menschen. Ob ich Dich mit dieser Begeisterung anstecken kann?

Es grüßt
Dich herzlich
Dein Franz

„Der Vater, der Allmächtige"
Kann man Gott beschreiben?

Liebe Kerstin!

In meinem letzten Brief hatte ich mich richtig in Begeisterung geredet, und als ich ihn abgeschickt hatte, kamen mir doch Bedenken: Was wird sie dazu sagen? Wird sie sich über diese Schwärmerei lustig machen? Stattdessen hast Du mir erzählt, wie Du mit Deiner Mutter über meinen Brief gesprochen hast. Ganz besonders habe ich mich über den Satz gefreut, den Deine Mutter an Deinen Brief angehängt hat: „Ja, so müßte einem die Bibel erklärt werden, dann wäre das Lesen eine Entdeckungsreise!"

Natürlich kann ich Euch diesen Wunsch nicht erfüllen, liebe Kerstin, denn ich bin ja kein Bibelwissenschaftler. Aber den Gedanken, noch ein bißchen beim Thema zu bleiben, greife ich gern auf. Es ging uns ja darum, Gott zu entdecken. Tatsächlich füllt sich unser Gottesbild immer mehr, wenn wir in der Bibel lesen, und so will ich gern noch ein bißchen mehr erzählen. Die Sache ist ja wichtig. Es gibt viele Menschen, die so daherreden: „Wir glauben doch alle an einen Gott" –, die sich aber über ihn gar keine Gedanken machen. Wir beide sind uns längst einig: Unser Glaube, ja unser ganzes Weltbild hängt in der Luft, wenn wir keine klare oder eine falsche Vorstellung von Gott haben.

Im Glaubensbekenntnis heißt es: „Ich glaube an Gott, den Vater, den Allmächtigen". Damit sagen wir zunächst, daß Gott Einer ist. Eine Selbstverständlichkeit? Gewiß wird man hierzulande kaum jemanden finden, der an mehrere Götter glaubt. Aber ist allen die Bedeutung des Ein-Gott-Glaubens (Monotheismus) klar? Wenn nämlich dieser eine Gott hinter allem steht, wenn er als Schöpfer die Ordnung der Welt verbürgt, allmächtig ist: Dann kann uns diese Welt nicht mehr schrecken, sofern wir uns an Gott halten. Wir werden innerlich frei! Allerdings ist diese Freiheit gefährdet durch die moderne Form der Vielgötterei, durch Götzen wie Geld, Macht, Fortschritt, Lust, Rasse, Klasse, Staat, Konsum. Wer so etwas als höchsten Wert betrachtet, verliert wieder seine Freiheit und wird zum Sklaven. Einzig der allmächtige Gott gibt uns Unabhängigkeit gegenüber Welt und Menschen.

Ich soll Euch Gott beschreiben? Das kann ich nicht. Die Bibel benutzt Bilder, wenn sie uns Gott schildern will. So will ich hier einfach einmal zwei Psalmverse hinschreiben:

> „Ich will dich rühmen, Herr, meine Stärke,
> Herr, du mein Fels, meine Burg, mein Retter,
> mein Gott, meine Feste, in der ich mich berge,
> mein Schild und sicheres Heil, meine Zuflucht!"
> (Psalm 18,2–3)

Auf einem Blatt habe ich Dir Eigenschaften Gottes aufgezählt. Soll ich damit fortfahren? Ich glaube, daß sie uns von allein immer deutlicher werden, wenn wir unseren Briefwechsel fortsetzen. Für mich ist das Wichtigste: Gott nennt Mose im brennenden Dornbusch seinen Namen: „Ich bin der ‚Ich-bin-da'", hebräisch „Jahwe". Zweierlei hat er hier kundgetan: Einmal hat er einen, wenn auch sehr geheimnisvollen, Namen genannt. Gott ist also ein Du für uns, eine Person, die man anreden kann. Zum anderen sagt er mit dem „Ich-bin-da", daß er immer für uns da ist. Wir müssen uns einmal überlegen, was das auf uns für ein Licht wirft: Der Allmächtige, der Himmel und Erde geschaffen hat, tritt uns persönlich gegenüber. Ein Gespräch „von Person zu Person" wird möglich. Auf welche Höhe werden wir dadurch gehoben!

Erst wenn man an Gott, den allmächtigen Vater, glaubt, liebe Kerstin, ahnt man etwas von der Würde des Menschen. Nur weil er unser aller Vater ist, sind alle Menschen Brüder und Schwestern.

Ein bißchen viel war das auf einmal, doch meine ich: Das Thema war wichtig genug.

Grüß mir herzlich Deine Mutter! Dein Franz

Die Eigenschaften Gottes

☞ Gott ist heilig: hocherhaben über die ganze Welt, fern von allem Bösen.

☞ Gott ist gerecht: Er verurteilt Unrecht und Lüge.

☞ Gott ist barmherzig: Er wendet sich dem Armen, dem Unterdrückten zu, er vergibt dem Sünder, der sich bekehrt.

☞ Gott ist allwissend: Nichts kann ihm verborgen bleiben.

☞ Gott ist allmächtig: Niemand kann sich seiner Herrschaft entziehen.

☞ Gott ist reine Güte und Liebe.

Das Alte Testament erzählt

☞ von der Erschaffung der Welt.

☞ von der Sünde des Menschen und der Gerechtigkeit Gottes.

☞ vom Ruf Gottes an Abraham und an andere große Männer und Frauen Israels.

☞ von der Berufung des Mose und der Offenbarung Gottes im brennenden Dornbusch.

☞ von Israels Befreiung aus Ägypten, von seiner Wüstenwanderung und vom Bundesschluß am Sinai.

☞ vom Gottesvolk Israel, seinen Richtern und Königen, z.B. David.

☞ von der Treue und Untreue des Volkes Israel Gott gegenüber.

☞ von der Verschleppung nach Babylon, von Gottes Strafe und Erbarmen.

☞ von den Propheten, die im Namen Gottes warnen, trösten und Mut machen.

☞ von Israels Kampf um die Reinheit von Glaube und Gottesdienst.

☞ vom Ringen des Menschen mit Gott, z.B. in den Psalmen und im Buch Ijob.

☞ von der Weisheit, die aus dem Glauben kommt.

"Höre Israel! Jahwe, unser Gott, Jahwe ist einzig. Darum sollst Du den Herrn, deinen Gott, lieben mit ganzem Herzen, mit ganzer Seele und mit ganzer Kraft. Diese Worte, auf die ich dich heute verpflichte, sollen auf deinem Herzen geschrieben stehen. Du sollst sie deinen Söhnen wiederholen. Du sollst von ihnen reden, wenn du zu Hause sitzt und wenn du auf der Straße gehst, wenn du dich schlafen legst und wenn du aufstehst..."

(Deuteronomium 6,4-7; das Hauptgebot der Gottesliebe, das die Juden bis heute jeden Tag sprechen und das auch uns Richtschnur sein muß.)

Der dreifaltige Gott:

Schwierig, aber schön, sagt Franz

Liebe Kerstin!

Du hast ein bißchen gestöhnt über meinen letzten Brief. „Schön, aber schwierig", hast Du geschrieben. Und ich rechne es Dir hoch an, daß Du nicht aufgibst. Gott ist unser Vater – das ist beglückend und groß. Aber Du bohrst weiter: „Wir sprechen doch auch von Gott Sohn, von Gott, dem Heiligen Geist. Und wir beginnen alle unsere Gebete mit dieser Formel: Im Namen des Vaters, des Sohnes und des Heiligen Geistes. Ein Gott in drei Personen – wie paßt das zusammen?" Damit, liebe Kerstin, stellst Du mir so ziemlich die schwierigste Frage, die es überhaupt gibt: Ich soll Dir den dreifaltigen Gott erklären! Das geht über menschliche Kräfte. Gott bleibt uns immer ein Geheimnis. Aber wir können uns herantasten.

Als wir Kinder waren, brachte eines Tages unser Kaplan drei Kerzen mit in den Religionsunterricht, entzündete sie und hielt zwei davon so an die dritte, daß die Dochte sich berührten. Dann fragte er uns: „Wieviele Flammen sind das?" „Drei", sagten einige von uns, „denn jede Kerze brennt." „Nein", meinten die anderen, „wir sehen nur ein Licht, die drei Flammen gänzlich ineinander." Es war ein Bild der Heiligsten Dreifaltigkeit: Gott lebt in drei Personen, aber sie sind eins, es gibt nur einen Gott. Das Bild ist uns im Gedächtnis geblieben, aber auch der Eindruck, daß es hier um etwas Unbegreifliches geht.

Die Bibel läßt uns das Ganze tiefer verstehen. Schon im Alten Testament teilt sie von Gott Wichtiges mit. Er selbst hat gesprochen. Aber die ganze Fülle und Schönheit des christlichen Gottesbildes haben wir erst durch Jesus Christus empfangen. Nicht nur durch das, was er lehrte, sondern mehr noch durch das, was er war. Jesus ist selber dieses „Gottesbild". Wer ihn sieht, sieht den Vater. Er ist in eigener Person das Wort, das der Vater an uns richtet. Wir fragen Gott Vater: Wie bist Du? Und er gibt uns als Antwort keine langen Erklärungen, sondern sendet uns seinen Sohn. An Jesus sollen wir Gott erkennen.

Bild Gottes – Wort Gottes – Sohn Gottes: Auf immer neue Weise hebt die Bibel die Einzigartigkeit Jesu hervor. Sein Verhältnis zum Vater ist einmalig. Jesus kann sagen: „Ich und der Vater sind eins!"

Damit, liebe Kerstin, wird etwas ganz Wichtiges über Gott klar: Er ist einer, der sich selber ganz verschenkt. Der Vater schenkt die ganze Fülle seines Gott-Seins dem Sohn. Deshalb ist der Sohn ebenso Gott wie der Vater. Im Glaubensbekenntnis heißt es über ihn: „Gott von Gott, Licht vom Licht. Eines Wesens mit dem Vater."

Vom Heiligen Geist hast Du anläßlich Deiner Firmung viel gehört. Er hat die Apostel in Jerusalem erfüllt und völlig umgewandelt, so daß sie voller Mut und Begeisterung die Botschaft des Glaubens verkündeten. Der Heilige Geist erfüllt die Kirche. Er wird uns in der Taufe geschenkt. Er gibt uns die Gemeinschaft mit Gott. Er läßt uns am Leben Gottes teilhaben. Das ist nur möglich, wenn er – wie der Sohn – selber Gott ist.

Merkst Du jetzt, liebe Kerstin, wie sehr uns die Lehre von der Heiligsten Dreifaltigkeit, die Dir so fremd vorkommt, persönlich angeht? Der Vater hat uns erschaffen, der Sohn hat uns erlöst, der Heilige Geist ist ausgegossen in unsere Herzen. Wir selber also sind gemeint und unmittelbar betroffen. Gott ist uns ganz nahe. Wir dürfen ihn Vater nennen – keine andere Weltreligion schenkt eine solche Nähe zu Gott. Wir dürfen ihn in Christus Bruder nennen, denn er ist wirklich einer von uns geworden. Und wir dürfen ihn nicht nur bei uns und über uns spüren, sondern in uns, denn der Heilige Geist lebt in unserer Seele.

Am Geheimnis der Dreifaltigkeit erkennt man, daß Gott die Liebe ist. Und deshalb, liebe Kerstin, ist dieser Glaubenssatz – ich verwende jetzt Deine Worte umgekehrt – schwierig, aber schön.

Herzlich grüßt Dich Dein Franz

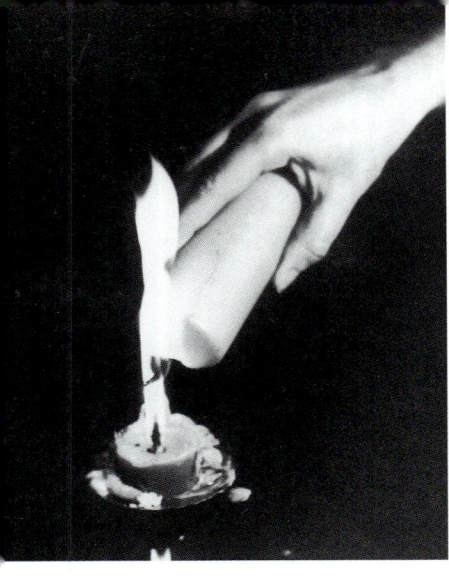

Vom Beten

Flucht
in eine Traumwelt?

Liebe Kerstin!

Ideen habt Ihr Jugendlichen heutzutage, auf die wären wir früher nicht gekommen. Um so mehr danke ich Dir für den Bericht in Deinem letzten Brief. Die Frühschicht, von der Du erzählst, muß ja prima gewesen sein: ein dunkler Raum mit Teppichboden, eine brennende Kerze in der Mitte, Ihr alle im Kreis darum hockend, Stille, leise meditative Musik von einer Gitarre, der Kaplan liest einen Psalm vor, und Ihr spürt plötzlich, wie Euch die Worte dieses zweieinhalb Jahrtausende alten biblischen Gebetes packen, wie sie Eure eigenen werden, Ihr erlebt Gottes Nähe, fühlt Euch selber als Gemeinschaft in Gott ... Nochmals Dank für diese Schilderung. Ich freue mich mit Dir, denn Du hast erlebt, was Gebet sein kann!

Ihr sucht Eure eigene Art des Betens, und das ist gut so. Jede Generation, ja jeder einzelne Mensch muß sich hier neu auf den Weg machen. Beten ist etwas ganz Persönliches. Gott ist ja selbst Person (darüber habe ich Dir das letzte Mal geschrieben), er will uns persönlich ansprechen. Wer betet, nimmt diese Tatsache ernst. Er sucht den Kontakt, sehnt sich nach Gott, will mit ihm sprechen, von Person zu Person, ja, sagen wir ruhig: von Herz zu Herz.

Es gibt Leute, die vom Beten nichts halten. Es sei Flucht in eine Traumwelt, sagen sie, es halte uns davon ab, unsere Aufgaben zu erfüllen. Statt Gott anzurufen, sollten wir lieber selber etwas tun.

Morgens

Gott, unser Vater

Ein neuer Tag liegt vor uns.
Wir freuen uns, daß wir ihn
erleben dürfen.
Wir danken dir, daß du ihn
uns schenkst.

Schenke uns Freude bei
unserem Tun.
Schenke uns Geduld, wenn
uns das Lernen schwerfällt.
Schenke uns Liebe zueinander,
so wie du uns liebhast.
Zeige uns heute, was recht
und unrecht ist.
Hilf uns, gut zu sein.

Gott, unser Vater!
Sei uns nahe an diesem Tag,
damit wir dir näherkommen.

(Aus: D. Hintz, A. Lax, K.G. Pöppel,
Neue Antennen)

Bei Tisch

Aller Augen warten auf dich,
o Herr, und du gibst ihnen
Speise zur rechten Zeit.
Du öffnest deine Hand und
erfüllst alles, was lebt,
mit Segen.
Herr, segne uns und diese deine
Gaben, die wir von deiner Güte
nun empfangen werden, durch
Christus, unseren Herrn. Amen.

Wir danken dir, Gott, für die
Gaben, die wir aus deiner
Hand empfangen durften.
Laß sie uns als Zeichen deiner
Güte erkennen und diese Güte
auch einander schenken.
Amen.

(Aus: D. Hintz, A. Lax, K.G. Pöppel,
Neue Antennen)

Abends

Wer im Schutz des Höchsten wohnt,
und ruht im Schatten des Allmächtigen,
der sagt zum Herrn: "Du bist für mich Zuflucht
und Burg, mein Gott, dem ich vertraue."
Sei unser Heil, o Herr, wenn wir wachen.
Behüte uns, wenn wir schlafen,
damit wir wachen mit Christus
und ruhen in Frieden.

(Aus dem Abendgebet der Kirche)

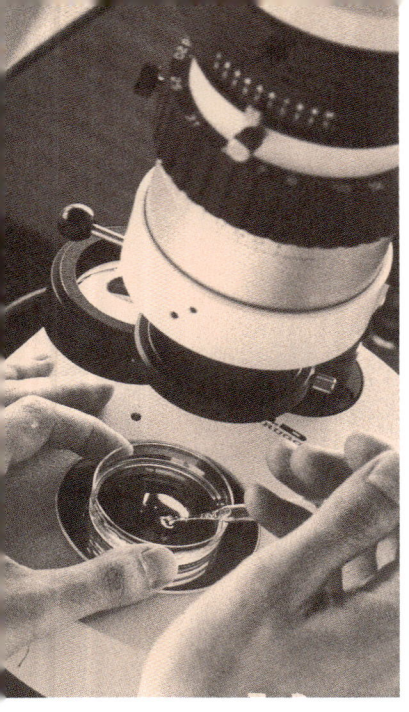

Von Gott, dem Schöpfer der Welt

Du sollst ohne Angst leben!

Liebe Kerstin!

Da habe ich ja was angerichtet mit meinem Vorschlag, über Gottes Verhältnis zur Welt zu sprechen. Dein Antwortbrief mit den vielen Fragen kommt mir vor wie eine Lawine, die ich losgetreten habe. Nach der Bibel, schreibst Du, hat Gott die Welt in sechs Tagen geschaffen, und die Naturwissenschaftler sprechen von Jahrmilliarden. Die Kirche lehrt: Gott schuf den Menschen aus Lehm, und im Biologie-Unterricht lernt Ihr, daß er sich in Jahrmillionen entwickelt hat. Und dann hast Du obendrein im Fernsehen wieder einen Science-Fiction-Film gesehen, bei dem Dir angst und bange geworden ist: Diese Welt soll gut sein, wo sie doch voller Grauen steckt, von unbegreiflichen Mächten beherrscht wird, die am Ende alles ins Verderben stürzen? Das ist zuviel auf einmal, liebe Kerstin. Und doch will ich versuchen, Dir Antworten zu geben. Was mich dabei bewegt: Du sollst in dieser Welt ohne Angst leben. Deshalb vor allem möchte ich mit Dir über Gott, den Schöpfer, sprechen.

Der Streit zwischen Glaube und Naturwissenschaften, der in meiner Jugend noch heftig hin- und herging, ist Gott sei Dank eine Sache von gestern. Beide haben nämlich gelernt, daß sie zwar von derselben Welt reden, aber sie von ganz verschiedenen Seiten aus betrachten. Die Naturwissenschaft will herausbekommen, welche Kräfte wirken, wie sich das Universum vom Feinbau des

Atoms bis zur unendlichen Weite der Gestirne aufbaut. Der Glaube dagegen fragt: Warum und wozu entstand alles, wer steckt dahinter, welchen Sinn hat die Welt? Die Bibel will uns in ihren Schöpfungsberichten vor allem dies klar machen: Alles kommt aus Gottes Hand. Er hat die Welt mit allen Geschöpfen, mit all ihrer Ordnung aus dem Nichts ins Dasein gerufen. Zu seiner Ehre hat er das getan, freiwillig und aus Liebe zu den Geschöpfen. Deshalb ist die Welt kein Chaos, sondern ein großartiges, phantastisch schönes Ordnungsgefüge, in das der Mensch immer tieferen Einblick gewinnen kann. Er selbst, der Mensch, ist die Krone.

Dies alles drückt die Bibel in einer bilderreichen Erzählung aus, die der damaligen Vorstellung der Menschen von der Welt entspricht. Sie will uns nicht dieses von der Wissenschaft überholte Weltbild beibringen, sondern uns zum Sinn aller Dinge hinführen. Deshalb brauchen wir auch nichts gegen alle möglichen Theorien über die Entstehung der Welt und die Entwicklung der Lebewesen einzuwenden. Warum soll Gott, der Schöpfer, nicht die Kraft der Entwicklung in seine Geschöpfe hineinlegen, so daß sie sich weiter entfalten? Für uns ist doch nur entscheidend, wer dies alles ins Werk gesetzt hat und es im Dasein erhält.

In Wirklichkeit nämlich dauert die Schöpfung noch immer an. Würde Gott die Welt nicht tragen, würde er nicht alles umgreifen und lenken, so würde alles in sich zusammenstürzen. So aber lenkt er mit seiner Vorsehung den Lauf der Welt. Selbst unser eigenes Wirken, sogar unser Bittgebet nimmt er mit in sein Handeln auf ...

Überlege Dir, liebe Kerstin, was dies für Dich, für uns alle bedeutet! Wir sind nicht einer finsteren, von blind wütenden Mächten beherrschten Welt ausgeliefert, sondern Gott hält uns und die Welt in seiner Hand. Alle Geschöpfe sind unsere Geschwister. In der Schönheit der Welt hat Gott uns seine Liebe ausgedrückt. Er wird die Welt zum Heil führen und vollenden, mag sie auch jetzt noch sehr im argen liegen.

An Gott, den Schöpfer, glauben ist schön, liebe Kerstin. Es bedeutet nämlich, daß wir keine Angst zu haben brauchen. Das Grundgefühl unseres Lebens ist die Geborgenheit in der Hand des Vaters.

Es grüßt Dich
herzlich Dein Franz

Welt, Engel und Teufel

Wer glaubt, darf sich sicher fühlen

Liebe Kerstin!

Keine Angst haben, sich an der Welt freuen – dieses Thema läßt mich nicht los. Heutzutage laufen so viele Jugendliche mit hängenden Köpfen herum, man sieht ihnen den Weltschmerz an, man spürt ihre Resignation: Die ganze Welt sei schlecht, ohne Hoffnung. Dagegen sagen wir, weil wir an Gott, den Schöpfer, glauben: Die Welt ist gut, die Schöpfung ist noch viel größer, als wir ahnen! „Himmel und Erde" hat Gott geschaffen, sagt die Bibel, und im Großen Glaubensbekenntnis sprechen wir von der „sichtbaren und unsichtbaren" Welt. Es muß in dieser Schöpfung noch vieles geben, wovon wir kaum zu träumen wagen.

Aber erst einmal sollten wir noch von der Erde reden, auf der wir leben, von der materiellen Welt. Von ihrem Stoff sind Pflanzen und Tiere, ist auch der Mensch gemacht. Die Bibel preist immer wieder die Pracht und Nützlichkeit der Welt und dankt dem Schöpfer für diese Gabe an die Menschen. Weltverachtung oder Geringschätzung der stofflichen Welt gibt es nicht in der Heiligen Schrift, schon gar nicht die (in manchen Religionen und Sekten vertretene) Ansicht, das Materielle sei der Ursprungsort des Bösen. Nein: Alles ist gut, am Ende wird Gott es zu einer neuen, verklärten Welt machen. Wir dürfen die irdischen Güter nützen und uns an ihnen freuen – nur dürfen wir nicht meinen, sie seien das Höchste und Letzte ...

Gott hat uns die Welt gegeben – aber nicht, damit wir sie zerstören. Wir sind Treuhänder, Verwalter. Wir müssen die Welt pfleglich behandeln. Umweltschutz ist keine neue Erfindung. Schon die ersten Sätze des Alten Testaments halten uns dazu an. Die Bibel schärft uns darüber hinaus ein, daß wir mit unserem irdischen Besitz verantwortungsbewußt umgehen müssen, den Armen und Schwachen dienen, die Güter der Welt gerecht verteilen.

Aber es gibt auch die unsichtbare Welt, die geistige Schöpfung, die Welt der Engel, den Himmel. Natürlich muß man sich auch hier von den bildlichen Vorstellungen, die zum Teil auch die Bibel benutzt, freimachen: Als sei der Himmel irgendwo über den Wolken – er ist da, wo Gott ist! Oder als seien die Engel niedliche Wesen mit Flügeln – sie sind geistige Geschöpfe, Personen vor großer Verstandes- und Willenskraft, zur Ehre Gottes und für das Heil der Menschen geschaffen.

Man muß nicht versuchen, sich die Engel vorzustellen, liebe Kerstin. Sie gehören zur „unsichtbaren Welt". Aber es wäre auch falsch, überhaupt nicht an ihr Dasein zu glauben. Immer wieder wird in der Bibel von ihnen erzählt Sie loben Gott, sie verkünden sein Heil, sie behüten uns auf allen unseren Wegen. Ich glaube auch gern, daß der himmlische Vater Dir und mir und allen Menschen einen Schutzengel gegeben hat. Man kann Gottes Liebe und seine Schöpfungsideen gar nicht hoch genug einschätzen.

Ein Wort noch zum Teufel. Ich zweifle nicht daran, daß es den (oder die) Teufel als Urheber alles Bösen gibt. So ein furchtbares Geschehen wie Auschwitz (um nur ein Beispiel zu nennen) läßt sich nicht nur aus menschlicher Neigung zum Bösen erklären. Da muß eine entsetzliche, bösartige Macht dahinterstecken, der sich die Menschen ausgeliefert haben. Die Bibel (zum Beispiel im Markusevangelium) schildert streckenweise das Wirken Jesu als einen einzigen Kampf gegen den Satan. Man kommt an dieser Tatsache nicht vorbei.

Nur: Es wäre verkehrt, wenn man Satan als gleichgewichtigen Gegenpol zu Gott ansehen würde. Das ist er nicht. Er ist ein „gefallener Engel", also ein ursprünglich gutes Geschöpf, das sich gegen Gott gestellt hat. Seine Macht mag groß sein – aber die Welt lenkt er nicht. Die liegt in Gottes Hand. Es bleibt dabei, liebe Kerstin: Wer an Gott, den Schöpfer, glaubt, darf sich sicher fühlen und fröhlich sein.

Das wünscht Dir allezeit
Dein Franz

Gott hat die Welt aus dem Nichts geschaffen, aus überquellender Liebe, zu seiner Ehre und zum Wohl seiner Geschöpfe.

Die Schöpfung dauert immer noch an: Die Welt entfaltet sich weiter. Gott erhält die Welt. Sie liegt in seiner Hand.

Engel:
Mächtige geistige Wesen, geschaffen zur Ehre Gottes, als Künder seines Ratschlusses und als Weggeleiter für uns.

Teufel:
Kein gleichrangiger Gegenspieler Gottes, sondern gefallener Engel, die böse Macht in der Welt, aber besiegt durch Jesus Christus.

Aus dem Sonnengesang des Franz von Assisi (1182 – 1226)

Höchster, allmächtiger, guter Herr,
dein sind Ehre, Lob und Ruhm und aller Segen.
Du allein bist würdig, sie zu empfangen,
und kein Mensch ist würdig,
dich zu nennen, o Höchster.
Gelobt seist du, mein Herr,
mit all deinen Geschöpfen,
vor allem mit der edlen Schwester Sonne.
Sie bringt uns den Tag und das Licht,
sie ist schön und strahlt
in mächtigem Glanz,
von dir, du Höchster, ein Gleichnis.

(Gotteslob 285)

Dietrich Bonhoeffer, evangelischer Pfarrer, 1944 von den Schergen Hitlers hingerichtet:

„Von guten Mächten wunderbar geborgen,
erwarten wir getrost, was kommen mag.
Gott ist mit uns am Abend und am Morgen
und ganz gewiß an jedem neuen Tag."

Der Mensch, Gottes Ebenbild

Wir müssen unsere Würde erkennen

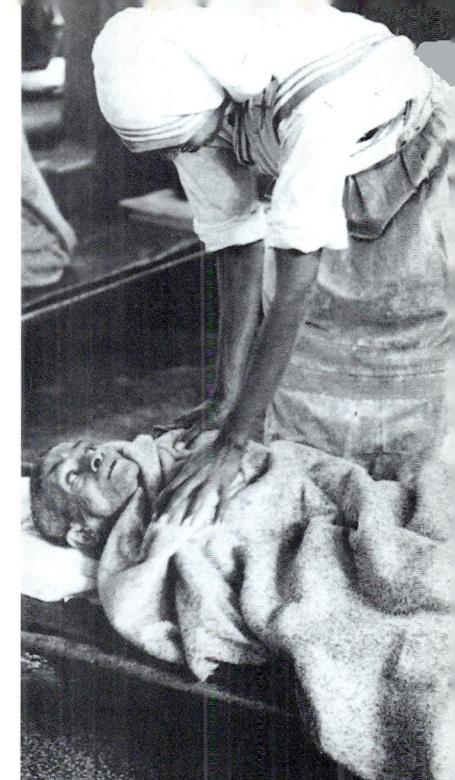

Liebe Kerstin!

Du bist an dem Wort „Auschwitz" in meinem letzten Brief hängengeblieben. Ihr habt in der Schule über Auschwitz gesprochen. „Was haben denn die Verbrecher, die das getan haben, eigentlich vom Menschen gehalten?" fragst Du. Ich möchte diese Frage noch erweitern: Wie oft wird in der Welt die Würde des Menschen mit Füßen getreten: durch Unterdrückung, Folter, Ausbeutung, Rauschgift, durch rücksichts- und maßlose Sexualität und auf viele andere Weise. Deine Frage ist brennend: Was halten diejenigen, die so etwas tun, eigentlich vom Menschen? Wir aber, liebe Kerstin, müssen uns dann auch selber fragen: Was halten wir vom Menschen? Worin besteht seine Würde? Man kann diese Grundfrage unseres Daseins nur vom Glauben her beantworten. Laß es mich in einem Satz sagen: Der Mensch ist von Gott geschaffen, als sein Ebenbild, er ist Geist und Leib, zur Gemeinschaft mit Gott bestimmt. Darauf beruhen sein Rang und seine Würde.

Von Gott geschaffen: Damit haben manche Leute Probleme, weil man von der Entwicklung des menschlichen Körpers aus dem Tierreich spricht. Die Antwort habe ich Dir neulich schon angedeutet: Zu Gottes Schöpfungsplan kann es gehören, daß die Geschöpfe selbst Gottes Werk weiter entfalten: Er selber gibt ihnen die Kraft dazu. Die Kirche hält aber fest: Jede einzelne menschliche

Seele wird von Gott geschaffen, zu jedem einzelnen Menschen, der ins Leben tritt, sagt Gott: Dich will ich! Vater und Mutter wirken bei diesem göttlichen Schöpfungsakt mit, sie stellen Gottes Liebe dar. Aber jeder einzelne von uns ist Gottes Geschöpf. Unser ganzes Dasein verdanken wir ihm.

Gottes Ebenbild: Die Bibel sagt dies ausdrücklich in der Schöpfungsgeschichte. Wir fragen natürlich: Worin sind wir denn Gott ähnlich? Durch unseren Vorrang vor allen Geschöpfen, der sich auch an unserem aufrechten Gang zeigt? Durch unsere geistige Seele, unseren Verstand, unseren freien Willen? Alles richtig, aber noch nicht das Wichtigste. Der Mensch ist das einzige irdische Geschöpf, das Gott hören und ihm antworten kann. Wir sind Partner Gottes. Für die ganze Schöpfung können allein wir bewußt Gott danken und seine Herrlichkeit preisen. Das kann der Mensch vergessen oder verdrängen, aber nicht abschütteln. Er bleibt Partner Gottes.

Vielleicht sagst Du, liebe Kerstin: Das sind große Worte, was bedeuten sie im täglichen Leben? Ich finde: sehr viel. Daß wir den Rang und die Würde des Menschen bei uns selber und bei anderen achten, ohne Rücksicht auf Geschlecht, Bildung, Rasse. Daß wir auf unsere Gesundheit und unseren guten Ruf bedacht sind und uns gegen jede Erniedrigung des Menschen wehren. Vor allem: daß wir immer wieder das Gespräch mit Gott suchen.

Die höchste Auszeichnung des Menschengeschlechtes besteht darin, daß Gottes Sohn selber Mensch geworden ist. Jesus ist in einem noch viel höheren Sinne als wir Gottes Ebenbild. Er will aber auch uns erheben und unsere Ähnlichkeit mit Gott vollenden: Wir sollen Kinder Gottes sein, Söhne und Töchter des ewigen Vaters. Und er will uns einst ganz, also mit Leib und Seele, in seine Herrlichkeit aufnehmen. Seit unserer Taufe tragen wir dieses Leben, diese Herrlichkeit Gottes schon in uns.

Ahnst Du, liebe Kerstin, was es bedeutet, wenn wir als Christen von der Menschenwürde sprechen? Damit werden wir herausgefordert. Es gilt, dem guten Bild zu entsprechen, das Gott von uns hat. Wer wir selber sind – durch Gottes Güte –, das dürfen wir nicht aus den Augen verlieren.

Grüß mir Deine Mutter!
Dein Franz

Gute Schöpfung – und Sünde der Menschen

Wie kommt das Böse in die Welt?

Liebe Kerstin!

Mit meinen Briefen, so scheint es, stürze ich Dich immer öfter in widersprüchliche Stimmungen. Auf der einen Seite begeistert Dich das, was ich über den guten Gott, die Schönheit der Schöpfung und die Würde des Menschen geschrieben habe. Auf der anderen Seite reizt es Dich zum Widerspruch. Wie soll man Gott loben, der „alles so herrlich regieret", wenn es in der Welt soviel Furchtbares gibt, Auschwitz, Hiroshima, Kriege und Gewalt. Woher kommt das Böse in der Welt, wenn Gott gut und allmächtig ist? Das bleibt letzten Endes ein undurchdringliches Geheimnis wie Gott selber. Keiner soll so tun, als könne er es zur allgemeinen Zufriedenheit aufklären.

Und doch will ich mit Dir zusammen versuchen, aus der Bibel ein wenig Licht in das Problem zu bringen. Die wichtigste Einsicht sage ich gleich vorweg: Gott hat die Welt nicht so gemacht, wie sie uns begegnet. Er will das Leben und nicht den Tod. Er verabscheut Unrecht, Gewalt und Lüge. Er will das Glück der Menschen, nicht ihr Leid. Um dies auszudrücken, erzählt die Bibel vom glücklichen Leben der Stammeltern Adam und Eva im Paradies. Du weißt:

Bei solchen Geschichten darf man nicht an der Bildersprache der Bibel hängenbleiben. Man muß vielmehr fragen: Was will uns die Bibel mit der Geschichte vom Paradies und vom Sündenfall zu unserer Frage sagen: Wie kommt das Böse in die Welt?

Da lebt der Mensch in Gottes Freundschaft, harmonisch und froh, nicht bedrängt von Krankheit, Zwiespalt und Tod, vollkommen glücklich. Aber er läßt sich zum Ungehorsam verführen. Er will selber sein wie Gott. Und damit zerbricht alles. Der Mensch wird mit sich selber und mit seiner Umwelt nicht mehr fertig. Auf den einen Sündenfall folgen unzählige weitere, Mord, Eifersucht, Egoismus, Arroganz – die Bibel erzählt von Kain, von Noachs Söhnen, vom Turmbau zu Babel. So entsteht eine heillose, hoffnungslose Lage in der Welt. Jeder wird in diese Gottesferne und Finsternis hineingeboren. Auf jedem lastet diese unheilvolle Erbschaft. Das ist die Folge davon, daß der Mensch schon am Anfang Gottes Heilsangebot ausgeschlagen hat. Diese Heillosigkeit, in die wir hineingeboren werden, nennen wir „Erbsünde" – wobei offen bleiben kann, ob wirklich alle Menschen von Adam und Eva abstammen. Erben der einen Menschheit sind wir auch dann, wenn sie viele Ahn-Eltern hat. Natürlich ist ein neugeborenes Kind persönlich unschuldig. Aber es wird doch in das Leben dieser Menschheit hineingeboren, also in Gottesferne, Dunkelheit, Sünde.

Gott hat freilich den Menschen nie ganz fallen lassen. Adam und Eva müssen nicht sofort sterben. Gott hilft ihnen sogar, damit sie weiterleben können, und er verheißt der Menschheit immer wieder, daß er schließlich das Heil wieder aufrichten wird. Das ist durch Jesus Christus geschehen. Er, der Sohn Gottes, hat die Sünde durch das Kreuz besiegt. Die Schöpfung harrt darauf, daß er wiederkommt und sein Erlösungswerk vollendet. Noch gibt es die Folgen der Sünde: Tod, Krankheit, Not, Ratlosigkeit, Angst. Aber sie sollen uns nicht erschrecken, liebe Kerstin, Gott benutzt auch sie zu seinem Heilswirken. Er will das Heil aller Menschen. Und er wird am Ende Sieger sein.

In dieser Hoffnung leben, an diese Verheißung glauben – das heißt Christ sein. Mir hat dieser Glaube nicht alle Last und alle Rätsel abgenommen, aber er hat mir geholfen, nicht zu verzweifeln. Und das wünsche ich auch Dir! Du hast das Leben noch vor Dir!

Mit vielen herzlichen Grüßen Dein Franz

Der Mensch

☞ ist Gottes Ebenbild: durch seine geistige Seele, seinen Verstand und seinen freien Willen.

☞ ist das einzige irdische Geschöpf, das Gott hören und ihm antworten kann.

☞ ist für Gottes Herrlichkeit bestimmt, in die er einst mit Leib und Seele aufgenommen werden soll.

☞ hat darum eine unvergleichliche Würde in der Schöpfung.

Das Böse

☞ Gott hat die Welt gut geschaffen, das Böse in der Welt ist Folge der Sünde.

☞ Jeder Mensch wird in die Gottesferne hineingeboren und bedarf der Erlösung (Erbsünde).

☞ Gott läßt das Böse zu, weil er will, daß wir uns aus freiem Willen für ihn entscheiden.

☞ Das Böse wird nicht triumphieren: Gott lenkt das Böse zum Guten.

„Angesichts der heutigen Weltentwicklung wächst die Zahl derer immer mehr, die die Grundfragen erheben oder mit neuer Schärfe spüren: Was ist der Mensch? Was ist der Sinn des Schmerzes, des Bösen, des Todes – alles Dinge, die trotz allem Fortschritt noch immer weiterbestehen ...
Die Kirche kann, von der Offenbarung Gottes unterwiesen, darauf eine Antwort geben, durch die die wahre Lage des Menschen umschrieben und seine Schwächen erklärt, zugleich aber auch seine Würde und Berufung richtig anerkannt werden. Die Heilige Schrift lehrt nämlich, daß der Mensch nach dem Bilde Gottes geschaffen ist, fähig, seinen Schöpfer zu erkennen und zu lieben, von ihm zum Herrn über alle irdischen Kreaturen gesetzt, daß er sie beherrsche und sie benutze, indem er Gott die Ehre gibt."

Zweites Vatikanisches Konzil (1962 – 65)

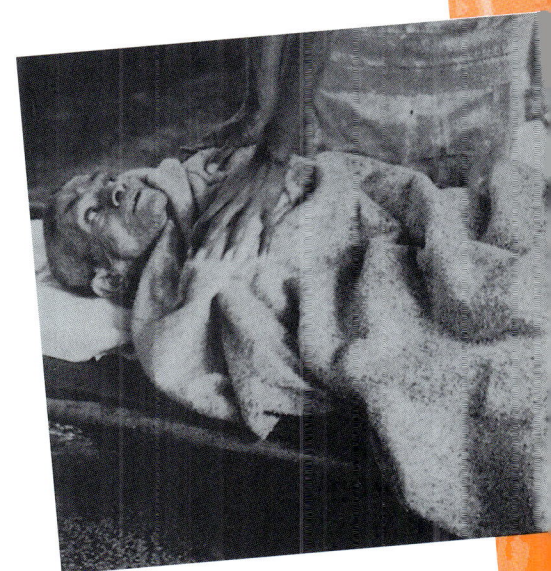

Jesus Christus

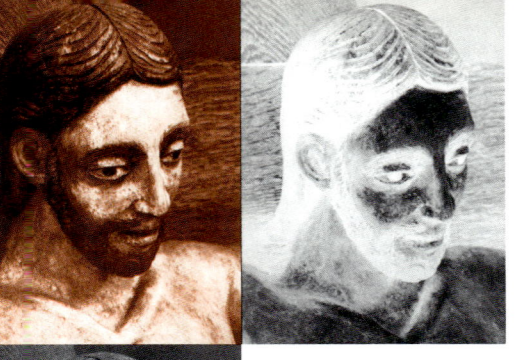

Wer war Jesus Christus wirklich?

Wir haben sichere Nachricht von ihm

Liebe Kerstin!

Schönen Dank für Deinen letzten Brief, besonders für den schönen Aufkleber auf dem Umschlag: ein Fisch, das Erkennungszeichen der Urchristen. Vor unserem Haus stellt immer ein junger Mann seinen alten Polo ab mit einer großen Inschrift auf der Heckscheibe: „Jesus liebt Dich!" Manchmal staune ich darüber, wie oft heute junge Menschen öffentlich zeigen, wieviel ihnen Jesus bedeutet. Aber ich frage mich auch: Ob sie wohl alle wissen, wer er wirklich war?

Über Jesus ist nämlich schon vieles geredet worden, was den Leuten gerade in ihre Vorstellungen paßte: Jesus, der Revolutionär, der Moralprediger, der Ganz-Innerliche, der Hippie, der Superstar. Was stimmt von alledem? Für uns, liebe Kerstin, ist das eine ganz entscheidende Frage. Christ sein, das heißt doch: an Jesus Christus glauben, von ihm allein das Heil erwarten, ihn als Haupt und Mittelpunkt der Schöpfung ansehen, sich ganz auf ihn einlassen.

Viele finden das übertrieben: Wie soll man sagen, nur in Jesus sei das Heil, wo doch Millionen von Menschen in alter und neuer Zeit noch nichts von ihm gehört haben? Eine schwierige Frage, auf die wir unbedingt zurückkommen müssen, wenn wir von der Kirche sprechen. Für heute möchte ich nur dies feststellen: Die Bibel verkündet ganz klar diesen Anspruch: Nur in ihm ist das Heil.

Leider lesen manche die Heilige Schrift nicht genau und meinen dann, Jesus sei nur ein Religionsstifter wie andere oder nur ein Wohltäter der Menschheit. Stimmte das – wir brauchten an ihn nicht zu glauben. Um so wichtiger ist es aber, daß wir uns ein genaues Bild machen: Wer war er wirklich?

Einige Forscher wollten vor Jahren einmal ganz vom Glauben absehen und „rein historisch" wissen, wer Jesus war. Das führte sie in eine Sackgasse, und am Schluß behaupteten einige von ihnen, der Glaube an Jesus als Heiland sei durch Betrug der Jünger oder als fromme Legende entstanden. Sie hatten nicht beachtet, daß Matthäus, Markus, Lukas und Johannes nicht bloß das damalige Geschehen wiedergeben wollten, so wie man heute eine Fernsehaufzeichnung macht. Die Evangelisten haben an Jesus geglaubt und erst dadurch wirklich begriffen, wer er war. Voller Glaubensbegeisterung haben sie deshalb über ihn geschrieben. Wer das außer acht läßt, liest an der Hauptsache der Bibel vorbei.

Deshalb machten es andere genau umgekehrt: Sie wollten nur noch wissen, was die Urkirche von Jesus, dem Erlöser, geglaubt und verkündet hat – dabei war es ihnen egal, wer Jesus tatsächlich gewesen ist, wie er gelebt und gewirkt hat. Der große protestantische Theologe Rudolf Bultmann wollte so zum Kern des Christusglaubens vorstoßen, aber auch seine Methode war einseitig und letzten Endes unbefriedigend. Denn nur von einem „Jesus des Glaubens" reden, der in Wirklichkeit vielleicht ein ganz anderer war – was soll das?

Tatsächlich muß jeder, der Jesus verstehen will, beides beachten: Einmal, daß Jesus wirklich im Land und Volk Israel gelebt und gewirkt hat, was übrigens heute kaum mehr abgestritten wird. Seine Worte, Taten und Absichten können aus der Bibel herausgefunden werden. Zum anderen, daß Matthäus, Markus, Lukas und Johannes den Glauben an Jesus, den Christus, den Erlöser und Herrn, verkünden wollen. Sie sehen bei allem, was sie von Jesus erzählen, immer schon seine Auferstehung, seine Herrlichkeit bei Gott.

Für uns ist wichtig: Wir haben von Jesus zuverlässige Nachricht. Die Bibel trägt nicht bloße „Glaubensvorstellungen" vor, sondern berichtet von Jesus, der wirklich Mensch geworden ist, von seinem Leben, seinen Worten und Taten im Land und Volk Israel. Aber die Evangelisten, die von ihm erzählen, haben auch begriffen: Jesus ist nicht einer wie alle anderen, in ihm begegnet uns Gott!

Deshalb, liebe Kerstin, müssen wir noch mehr über Jesus und seine Botschaft sprechen. Dazu habe ich dir eine Menge zu sagen.

Bis bald Dein Franz

Was Jesus tat und lehrte

Er selber ist das Reich Gottes

Liebe Kerstin!

" Heute bekommst Du nicht nur einen Brief von mir, sondern ein kleines Päckchen. Ich habe gemerkt, daß ich die Ankündigung aus meinem letzten Brief kaum wahrmachen kann: eine Menge von Jesus und seiner Botschaft zu erzählen. Da gibt es nämlich so viel zu schreiben, daß man an kein Ende kommt. Deshalb habe ich Dir ein Neues Testament mitgeschickt. Mein Vorschlag: Lies viel darin. Wenn Du auf Probleme stößt, laß es mich wissen. Zunächst aber sollst Du gar nicht nach Problemen suchen, sondern aufspüren, was Jesus verkündet hat. Gerne will ich Dir erzählen, was nach meiner Meinung dabei besonders wichtig ist.

Der Evangelist Markus faßt zusammen: „Jesus verkündete das Evangelium Gottes und sprach: Die Zeit ist erfüllt, das Reich Gottes ist nahe. Kehrt um, und glaubt an das Evangelium!" (Markus 1,15). Also: Was Jesus verkündet, ist schon jahrhundertelang im Volk Israel erwartet worden: Gottes Reich, Heil, Frieden, Freiheit, Gerechtigkeit. Nicht durch die Tatkraft und Klugheit der Menschen wird dies alles kommen, sondern als Geschenk Gottes. Das ist wichtig, denn es gibt gerade heute viele, die selber das Reich Gottes auf die Erde bringen wollen, durch die Technik etwa oder durch die Wissenschaft oder die Politik. Jesus bringt ein Reich, das weit über solche Vorstellungen hinausreicht. Er verkündet ein Reich der Liebe, in dem wir Gott ganz vertraulich anreden können: „Abba, Vater", was ungefähr soviel bedeutet wie „Papa" ...

Nun wirst Du gewiß einwenden: Ist das nicht ein bißchen wirklichkeitsfremd? Ein solches Reich, mitten in dieser Welt mit ihren bedrückenden Nöten?

Damit hast Du recht. Noch lange ist dieses Reich nicht vollendet. Es beginnt erst. Klein, verborgen, unscheinbar. Jesus selber redet vom Senfkorn, das erst wachsen muß. Noch herrschen in der Welt Unheil und Sünde. Aber Gottes Reich ist schon im Kommen. Am schönsten wird es geschildert im Gleichnis vom Verlorenen Sohn (Lukas 15,11–31): Gott nimmt sogar den Abtrünnigen wieder an, sein Erbarmen geht über alles menschliche Maß! Das hat Jesus nicht nur gepredigt, sondern auch selber vorgelebt. Er hat sich mit Zöllnern und Huren an einen Tisch gesetzt und sie durch Barmherzigkeit auf einen besseren Weg gebracht. Er hat sich den Armen und Kranken zugewendet, und zwar so eindeutig, daß die Mächtigen empört waren. Wo Jesus hinkommt, wird die Liebe Gottes deutlich. Er selber ist das Reich Gottes. Er spricht mit göttlicher Vollmacht. Aber nicht, um zu herrschen, sondern um Liebe zu bringen

So ruft er uns in seine Nachfolge. In der Bergpredigt kehrt er alles ins Gegenteil, was die Reichen und Mächtigen meinen. Er preist die Armen, die Verfolgten, alle, die hungern und dürsten nach Gerechtigkeit. Oft hat Jesus dies alles auch durch Wunder verkündet, durch außergewöhnliche Taten, zum Beispiel durch Krankenheilungen. Diese Wunder darf man nicht mißverstehen: Sie sind nicht als Schaustücke gewirkt worden, sondern um Gottes Liebe sichtbar zu machen, um sein Reich anzukündigen. Es kann kein Zweifel sein, daß Jesus damals Taten vollbracht hat, die bis heute keiner erklären kann. Aber nicht dieses „naturwissenschaftliche" Problem ist die Hauptsache bei den Wundern, sondern was Jesus damit sagen will: Das Reich Gottes kommt, die Liebe des Vaters triumphiert über Dunkelheit und Sünde.

Wie gesagt, liebe Kerstin: Wenn man von Jesus erzählt, kommt man an kein Ende. Noch wichtiger als das Erzählen ist jedoch: mit ihm selber reden Wenn Du in der Bibel liest, wirst Du manchmal merken, wie er Dich ins Gespräch zieht.

Mit herzlichen Grüßen
Dein Franz

Jesus – Gott und Mensch

Er ist einer von uns geworden

Liebe Kerstin!

Es freut mich, daß Du gern im Neuen Testament liest. Von den Wundern, die Jesus gewirkt hat, beeindruckt Dich am meisten, wie er den Sturm auf dem See Gennesaret gestillt hat. Dein kleines Gebet, das Du danach formuliert hast, bete ich jetzt manchmal auch: „Jesus, Du bist mit uns im Boot. Wir sind sicher. Bleibe immer bei uns!"

Am Ende dieses Wunderberichtes fragen die Leute: Wer ist dieser Jesus? Sie – und wir – wollen wissen: Wie kann er solche Wunder wirken, wie kann er so großartig das Reich Gottes verkünden, wer ist er? Die Antwort der Kirche ist ganz klar: Jesus Christus ist der menschgewordene Sohn Gottes!

Was mich dabei besonders anspricht: Jesus ist wahrer Mensch, unser Bruder. Er wird von einer menschlichen Mutter geboren, wächst und reift heran, lernt ein Handwerk, leidet Hunger und Durst, zeigt Freude und Mitleid, auch Angst und Zorn. Er ist wirklich einer von uns, ein Mensch mit Leib und Seele. So ist er uns ganz nahe.

Die Kirche hat an dieser Lehre eisern festgehalten. Für viele schien es viel leichter, an einen Gott zu glauben, der nur auf Erden „erschienen" ist, nur zum Schein gelebt und gelitten hat. Aber dann wäre ja Gott nicht ganz in die

Menschheit eingegangen, wir wären nur „zum Schein" erlöst. So aber ist Gott Mensch geworden, für uns alle, und alles Menschliche ist von ihm geheiligt. Zugleich aber wird einem beim Lesen der Bibel ebenso klar: Jesus ist „der Herr". Und das ist nichts anderes als der Gottesname Jahwe. Jesus sagt „Ich und der Vater sind eins!" In ihm ist Gott selber zu uns gekommen. Die frühen Christen haben mit Begeisterung bekannt: Er allein ist der Herr! Der römische Kaiser, der selber diesen göttlichen Titel beanspruchte, ließ sie dafür foltern und umbringen. Aber sie hielten durch. Sie haben damit für alle Menschen eine neue Freiheit erkämpft: Keiner außer dem Sohn Gottes darf „Herr" sein auf der Welt ...

Für uns aber bleibt wichtig, daß dieser Sohn Gottes einer von uns geworden ist, mit allen Konsequenzen, die Sünde ausgenommen. Jesus ist also Gott und Mensch in einer Person. Das läßt sich so leicht sagen und ist doch so schwer zu verstehen. Jahrhundertelang ist um die tiefe Bedeutung dieses Satzes gerungen worden. Manche Irrlehren mußten zurückgewiesen werden, die entweder die göttliche oder die menschliche Natur in Jesus einseitig betont haben. Jawohl: Er ist beides ganz, auch wenn das im Letzten keiner erklären kann. Ganzer Mensch, mit einer menschlichen Seele und menschlichem Willen - so daß er uns im Gehorsam erlösen konnte. Und doch ganz Gott, „eines Wesens mit dem Vater" - wie die Kirche im Jahre 325 beim Konzil in Nizäa bei Konstantinopel formuliert hat.

Gottheit und Menschheit verbinden sich in der Person des Erlösers. Größeres kann für die Menschheit nicht geschehen. Für uns beide, liebe Kerstin, steckt darin auch Gottes Antwort auf unseren Wunsch: Wir wollen Gott persönlich erleben, und er macht es möglich. Wir begegnen dem Menschen Jesus Christus - und damit Gott selber.

Verstehst Du jetzt, warum ich es der Kirche so hoch anrechne, daß sie um die Klarheit der Glaubenssätze ringt und sie gegen alle Widerstände verteidigt? Hätte sie in der Streitfrage „Wer ist Jesus?" faule Kompromisse gemacht, hätte sie nicht voll die wahre Gottheit und die wahre Menschheit des Herrn bekannt - wir hätten das Größte aus den Augen verloren: Gott ist uns nahe gekommen, ja, er ist einer von uns geworden.

Das aber konnte nur geschehen, weil ein Mensch dabei mitgewirkt hat: Maria. Darum müssen wir jetzt auch von ihr reden!

Dein Franz

☞ Jesus hat das Reich Gottes verkündet und durch Wunder sichtbar gemacht: Er gab den Menschen die heilende Gewißheit, daß sie von Gott geliebt sind.

☞ Jesus ist einer von uns geworden, mit allen Konsequenzen, ausgenommen die Sünde.

☞ Jesus Christus ist der Sohn Gottes. Er ist wahrer Gott und wahrer Mensch zugleich.

Das Neue Testament

☞ berichtet uns von Jesus: Es gibt Nachricht über sein Leben und Wirken im Land und Volk Israel, über sein Sterben und seine Auferstehung.

☞ ist erfüllt von Glaubensbegeisterung und Hoffnung auf Christus, den Herrn.

Die 27 Schriften des Neuen Testaments:

☞ die vier Evangelisten: Matthäus, Markus, Lukas, Johannes,

☞ die Apostelgeschichte des Lukas,

☞ die Briefe der Apostel, besonders des Apostels Paulus,

☞ die Offenbarung des Johannes, das prophetische, endzeitliche Buch des Neuen Testaments.

Aus dem vierten Hochgebet der heiligen Messe:

„Er ist Mensch geworden durch den Heiligen Geist, geboren von der Jungfrau Maria. Er hat wie wir als Mensch gelebt, in allem uns gleich außer der Sünde. Den Armen verkündete er die Botschaft vom Heil, den Gefangenen Freiheit, den Trauernden Freude."

Jesus, du bist mit uns im Boot. Wir sind sicher. Bleibe immer bei uns!

Maria in der Bibel

Eine Frau öffnet sich für Gott

Liebe Kerstin!

Deine Mutter, schreibst Du, stellt manchmal Blumen vor die Marienfigur, die ich Euch geschenkt habe, doch dann sagt sie: „Von Maria steht so wenig in der Bibel!" Auf den ersten Blick hat sie recht mit diesem Einwand. Sieht man aber genauer hin, so ergibt sich ein anderes Bild. Ein ganz großartiges, liebe Kerstin.

Natürlich steht nicht Maria im Mittelpunkt des Neuen Testaments, sondern Christus. Maria aber ist seine Mutter. Deshalb ist von ihr die Rede. Nicht in Form einer Lebensbeschreibung, gewiß nicht. Was die Bibel über Maria schreibt, ist weit mehr: Es wird dargestellt, was sie für das Heil des Gottesvolkes bedeutet. Maria wird in den großen Zusammenhang des göttlichen Wirkens gestellt, das uns schon im Alten Testament begegnet. Damit meine ich folgendes:

Frauen retten das Volk Gottes. Dafür kannst Du eine großartige Reihe von Beispielen nachlesen. Manchmal sind es Heldinnen (Debora, Judith, Ester), manchmal Mütter, die einem Großen des Volkes das Leben schenken (Sara, Hanna). Mit Maria kommt diese biblische Linie zum Gipfel: Sie schenkt dem Gottessohn das Leben. Sie bringt den Glauben ihrer Väter (Abraham!) zur Vollendung. So ist sie selber die „Tochter Zion", die Verkörperung des Gottesvolkes. In ihrem großen Danklied „Magnificat" (Lukas 1,46–55) reiht sie sich ein in die Geschichte Israels, spricht sie selber als Prophetin wie die großen Gottesverkünder des Alten Bundes: Dem Herrn allein gebührt die Ehre, irdische Macht und irdischer Reichtum bedeuten vor ihm gar nichts! Diesen Grundsatz hat sie in ihrem Leben verwirklicht. Sie lebt ganz für ihren göttlichen Sohn. Sie tritt in den Hintergrund in den Tagen seiner großen Erfolge, aber unter dem Kreuz ist sie bei ihm. Suchend und fragend geht sie ihren Weg, sie „erwägt alles in ihrem Herzen" (Lukas 2,19), durchlebt auch Unsicherheit und Enttäuschung, sie ist die Schmerzensmutter. Von alledem erzählt die Bibel.

Marias ungeteilte Liebe gehört Gott, ohne jeden Vorbehalt widmet sie ihr Leben dem unbegreiflich hohen Auftrag, der ihr gegeben worden ist. Darum bleibt sie jungfräulich, will nur noch eines sein: die „Magd des Herrn" – wie sie es Gott zugesagt hatte.

Der Evangelische Erwachsenenkatechismus faßt zusammen, was die Bibel über Maria sagt: „Sie wird als die beispielhafte Hörerin des Wortes Gottes gezeichnet, als die Magd des Herrn, die Ja zu Gottes Willen sagt, als die Begnadete, die aus sich selber nichts, durch Gottes Güte aber alles ist. So ist Maria das Urbild der Menschen, die sich von Gott öffnen und beschenken lassen, der Gemeinschaft der Glaubenden, der Kirche." – Sätze aus einem evangelischen Religionsbuch, liebe Kerstin. Zeige sie Deiner Mutter. Sie wird sich darüber freuen. Was Maria betrifft, sind nämlich evangelische und katholische Christen gar nicht so weit voneinander entfernt. Maria gehört ins Evangelium. Ohne sie würde im Heilswirken Gottes etwas Wesentliches fehlen.

Vor einiger Zeit habe ich in der Heilig-Geist-Kirche in Braunschweig eine bronzene Doppelfigur gesehen, die die Wahrheit über Maria wunderbar ausdrückt: Jesus ist als Gekreuzigter dargestellt, aber seine Arme sind wie zu einer Umarmung nach vorn gestreckt. Seine Zuwendung gilt einer weiblichen Gestalt, die unter ihm steht. Die Leute sagen dazu: Maria unter dem Kreuz. Der Künstler aber hat sein Werk anders genannt: Christus und die Kirche. Beides ist richtig. Unter dem Kreuz vertritt Maria uns alle. Sie nimmt für uns Gottes Gnade, Licht und Liebe entgegen. Sie ist die Verkörperung, das Urbild der Kirche.

Verstehst Du jetzt, liebe Kerstin, warum wir Maria verehren? Es gibt nur einen, der uns das Heil geschenkt hat: Jesus. Aber ist es nicht bedeutungsvoll, daß es eine Frau war, die dieses Heil für uns alle empfangen hat? Sie hat zum Engel gesagt „Mir geschehe nach deinem Wort!" – und so ist sie Mutter des Erlösers geworden. Es war das Ja-Wort der Menschheit gegenüber Gott. Dazu will ich Dir bald noch mehr erzählen.

Für heute grüßt Dich herzlich Dein Franz

Maria, die Mutter Gottes

Man muß sie liebhaben ...

Liebe Kerstin!

Ja, Du hast recht: Unsere Marienverehrung würde auf Menschen von heute überzeugender wirken, hätte man nicht so oft in rührselig-frömmelnder Art von der Muttergottes geredet. Manche Deiner Freundinnen können mit der Marienfrömmigkeit nichts anfangen, sie stoßen sich an dem frommen Getue und dem Kitsch, vielleicht auch an der Wundersucht mancher Leute. Aber sie würden sogleich Ja zur Marienverehrung sagen, wenn ihnen aufginge, was diese Frau für das Heil der Welt bedeutet.

Das Glaubensbekenntnis sagt „... geboren von der Jungfrau Maria", und damit faßt es zusammen, was uns in der Bibel erzählt wird. Die Weihnachtsgeschichte sagt uns sehr anschaulich, daß Maria Jesus wie jede andere Mutter ihr Kind in ihrem Leib getragen und dann für uns geboren hat. Sie ist seine Mutter. Mutter in einem noch tieferen Sinne als gewöhnlich: Ehe sie den Herrn empfing, hatte sie ihn im Glauben angenommen ...

Zuerst hat ja Maria die Botschaft des Engels Gabriel nicht voll verstanden: „Wie soll das geschehen?" fragt sie, denn sie lebt ja mit keinem Mann zusammen. Und der Engel antwortet: „Der Heilige Geist wird über dich kommen, und die Kraft des Höchsten wird dich überschatten!" Hier benutzt die Bibel Ausdrücke, die an das Alte Testament erinnern: Gott selber „überschattete" Israel in einer Wolke und „nahm Wohnung" im Heiligen Zelt. Mit der Wahl solcher Worte sagt die Bibel: Maria ist die Wohnung Gottes, durch sie kommt Gott zu uns.

„Das Kind, das sie erwartet, ist vom Heiligen Geist", heißt es im Matthäusevangelium (1,20). So lehrt die Kirche: Maria hat ihr Kind jungfräulich empfangen, ohne Zutun eines Mannes. Manche sehen darin ein großes Problem. Ich, liebe Kerstin, überhaupt nicht. Warum soll Gott nicht in ungewöhnlicher Weise eingreifen, wenn sein eigener Sohn Mensch wird? Gerade die jungfräuliche Empfängnis macht klar, daß der neue Anfang, der durch Jesus geschieht, ganz allein von Gott herkommt!

Das alles aber kann nur geschehen, weil Maria glaubt und zustimmt. So wird sie die Mutter Gottes. Im Jahre 431 hat das Konzil von Ephesus diesen Titel für sie festgelegt, auch Luther und die anderen Reformatoren haben daran festgehalten. Natürlich hat sie nicht Gott „als Gott" geboren, denn sie ist ja ein Geschöpf wie wir. Sie hat den Menschen Jesus Christus geboren, dieser aber ist Gott und Mensch in einer Person. Glaubt man an Christus, den Sohn Gottes, so muß man auch Maria als Gottesmutter verehren. So aber, liebe Kerstin, ist sie auch unsere Mutter, denn wir sind eins in Christus, sind Glieder an seinem Leib. Ihre Liebe gilt dem ganzen Christus, also auch uns. Wir können sie anrufen als unsere Fürsprecherin, unsere Mutter, unsere Hoffnung. Alle unsere Nöte können wir ihr vortragen. So etwas tun wir ja auch untereinander: Da wir alle zu Christus gehören und in ihm eins sind, fordern wir uns gegenseitig zur Fürbitte auf: Bete für mich! Erst recht gilt dieser Ruf der Muttergottes, die von uns allen dem Herrn am nächsten steht. Muß ich Dir noch erklären, liebe Kerstin, daß Maria nicht angebetet werden darf? Anbeten darf und muß man Gott allein. Aber anrufen dürfen wir sie, ohne die einzigartige Stellung Jesu Christi anzutasten, denn auch ihre Fürbitte schöpft ihre Kraft allein aus der Erlösung, die Jesus bewirkt hat. Wer Maria anruft und verehrt, bekennt sich dadurch zu dem einzigen Mittler und Sohn Gottes, zu Jesus Christus.

Zum Schluß, liebe Kerstin, möchte ich Dir zu alledem noch sagen: Je älter ich werde, um so mehr sehe ich ein: Von Maria sollte man nicht immer nur theoretisch reden. Man sollte sie einfach liebhaben. Erst dann geht einem auf, was sie für die Christenheit, auch für Dich und mich, bedeutet. Sie ist Gottes Mutter und unsere Mutter!

Herzliche Grüße sendet Dir Dein Franz

Die „neuen" Mariendogmen

In ihr erkennen wir unsere Würde

Liebe Kerstin!

„ Wieso werden in unserer Zeit, bald 2000 Jahre nach Jesus, noch neue Glaubenslehren aufgestellt? fragst Du. Wieso kann der Papst noch 1854 den Glaubenssatz von der Unbefleckten Empfängnis verkünden, wieso erst 1950 erklären, daß Maria mit Leib und Seele in den Himmel aufgenommen ist? Berechtigte Fragen! Jawohl, es ist längst alles gesagt, was Gott uns mitzuteilen hat. Über Jesu Botschaft, weitergegeben in der Lehre der Apostel, kann nichts mehr hinausführen. Das Ganze liegt vor uns. Aber es liegt vor uns wie ein noch unerschlossenes Land. Wir müssen es durchforschen. Von Anfang an hat die Kirche versucht, tiefer in die Geheimnisse des Glaubens einzudringen, neue Erkenntnisse und Zusammenhänge zu finden. Mit einem Vergleich will ich Dir das erklären: Du willst ein Dia projizieren, das Bild erscheint auch auf der Leinwand. Aber es ist noch unscharf. Man kann schon die Hauptsache erkennen, aber etliches ist noch undeutlich. Jetzt drehst Du langsam die Linse schärfer: Neue Einzelheiten treten hervor. Sie waren gewiß vorher schon da, aber erst jetzt kannst Du sie erkennen. So ist es auch mit dem Glauben. Im Denken und Beten der Kirche wird im Laufe der Jahrhunderte die „Linse" des Glaubens immer schärfer gestellt. Neues tritt hervor. Bis zum Ende der Welt werden wir nicht damit fertig sein, den Reichtum des Glaubens zu entdecken.

Noch eins wird mit diesem Vergleich klar: Die Einzelheit wird nur deutlich innerhalb des Gesamtbildes. Für sich allein würde man sie gar nicht sehen oder ganz falsch verstehen. So ist es auch mit den beiden Marien-Dogmen, nach denen Du gefragt hast. Sie ergeben sich aus dem Gesamtbild des Glaubens, nicht aus einzelnen Sätzen der Bibel. Also:

Maria ist das Urbild des von Gott beschenkten Menschen, in ihr kommt die Erwählung des Volkes Israel zur Vollendung. Sie war von Gott bestimmt, uns die Fülle der Gnade zu bringen. Deshalb sollte sie auch selbst „voll der Gnade" (Lukas 1,28) sein. Was das bedeutet, hat die Kirche nach einem jahrhundertelangen Klärungsprozeß 1854 ausdrücklich zum Glaubenssatz erhoben: Maria war vom ersten Augenblick ihres Lebens, also von ihrer Empfängnis an, frei von Gottfremdheit und Dunkelheit, erfüllt von seinem Licht, ohne Erbsünde. Was uns Jesus am Kreuz verdient hat, was uns in der Taufe geschenkt wird, ist auf sie schon am Lebensanfang angewendet worden, weil sie seine Mutter werden sollte. Gerade über dieses Dogma wird viel Unfug geredet, liebe Kerstin. Manche verwechseln hier die Empfängnis Mariens mit der Empfängnis Christi. Sie sollten einmal das Kirchenjahr studieren: Mariä Unbefleckte Empfängnis wird am 8. Dezember gefeiert, genau neun Monate vor dem Fest Mariä Geburt (8. September). Was diese Leute meinen, ist die Empfängnis des Herrn, die am Fest Verkündigung des Herrn gefeiert wird, neun Monate vor Weihnachten ... Noch dümmer ist die Meinung, die Kirche halte die Geschlechtlichkeit für etwas Befleckendes. Nicht wegen der menschlichen Zeugung und Empfängnis beginnen wir alle unser Leben als „Befleckte", sondern weil wir Teil der dunklen, von Gott abgewandten Welt sind. Das ist Maria nie gewesen. Sie stand vom ersten Augenblick ihres Lebens an im Lichte Gottes.

Daß Maria mit Leib und Seele in den Himmel aufgenommen ist, ergibt sich aus ihrer unvergleichlich engen Verbundenheit mit Christus. Was uns allen einmal am Ende der Zeiten gegeben wird, die „Auferstehung des Fleisches", ist an ihr bereits vollzogen, weil sie seine Mutter ist. Ich finde gerade diese Lehre in unserer Zeit so wichtig, weil der Leib so furchtbar entwürdigt wird: durch Kriege, durch Rauschgift, durch Pornographie – und dabei ist er für Gottes Herrlichkeit bestimmt!

In Maria, das möchte ich Dir, liebe Kerstin, zu alledem noch sagen, wird uns immer unsere eigene Würde und Hoffnung gezeigt. An ihr erkennen wir, was Gott an uns allen Großes tun will. Wer das einmal begriffen hat, wird auf die Marienverehrung nie mehr verzichten.

Mit herzlichen Grüßen

Dein Franz

war das Ganze ja unbegreiflich und furchtbar: Ein Mann muß sterben, der nur Liebe gepredigt und gelebt hat! Doch darf man dabei nicht vergessen, wie sehr Jesus mit seiner Offenheit die Mächtigen in Israel gegen sich aufgebracht hat – zum Beispiel, als er den Pharisäern ihre Scheinheiligkeit vorhielt. Und auch die Leute, die ihm gefolgt sind, haben ihn ja nicht wirklich verstanden, so daß sie umkippten, als es ernst wurde. Der Römer Pilatus hat Jesus als „König der Juden", also als politischen Aufrührer verurteilt. Jüdische und römische Machthaber haben ihn gemeinsam zu Fall gebracht – weshalb es übrigens falsch ist, von einer Alleinschuld der Juden am Tode Christi zu sprechen.

Viel wichtiger ist, wie Jesus selbst zu alledem stand. Er hat seinen Tod geahnt, ihn schließlich als Willen des Vaters bejaht und zum Heil aller auf sich genommen. Er hat alles erduldet, was einen Menschen erniedrigen kann: Ungerechtigkeit, Verrat, Folterung. politisches Herumschachern auf seinem Rücken, Spott, Wehrlosigkeit, Todesurteil, körperlichen Zusammenbruch, gaffende Menschen, Gottverlassenheit. Für uns hat er das alles getragen!

Diese Deutung ist nicht erst von der Urkirche erfunden worden. Jesus selbst hat – wie Matthäus berichtet (26,28) – am Abend vor seinem Leiden beim Abendmahl gesagt: „Das ist mein Blut, das für Euch und für viele vergossen wird" (wobei „viele" in der Bibel soviel heißt wie „alle": Für die ganze Menschheit ist er gestorben). So hat er seinen Tod als Heilstod für alle aufgefaßt. Die Verfasser des Neuen Testamentes waren von dieser Auffassung durchdrungen und haben ihre Texte ganz in diesem Sinne gestaltet. Dabei haben sie aber nicht nur ihre Deutung niedergeschrieben, sondern uns genügend Einzelheiten mitgeteilt, so daß wir klar erkennen können, wie es zum Kreuzestod Jesu kam.

Jesus hat das Heil verkündet. Die Menschen haben ihn abgelehnt. Aber ihre Hartherzigkeit konnte Gottes Heilspläne nicht umstoßen. So ist Jesu Tod uns allen zum Heil geworden. Nicht als „Sündenbock", verurteilt von einem grausamen ewigen Richter, mußte er sterben. Sein Tod ist vielmehr das äußerste Zeichen der Liebe Gottes zu den Menschen. Auch mit dem Verlassensten auf dieser Erde ist der Sohn Gottes noch eins.

Wenn Du das Kreuz am Hals trägst, liebe Kerstin, dann denke öfter daran: Es ist das Wort, das Gott an uns richtet. Es lautet: „Ich liebe Dich!"

Für heute grüßt Dich
herzlich Dein Franz

Sinn des Kreuztodes

Das Heil der ganzen Welt

Liebe Kerstin!

"Du trägst das Kreuz, das ich Dir geschenkt habe. Darüber freue ich mich. Natürlich denkst Du jetzt mehr über das Kreuz nach und stößt auf ein Problem: Ist das Kreuz nicht eigentlich etwas Schreckliches, eine Schande? Genauso haben schon die Christen der Urkirche gefragt. Aber ihre Antwort war klar und gilt noch heute: Das Kreuz ist Zeichen der Liebe Gottes und der Hoffnung. „Im Kreuz ist Heil" steht auf einem alten Feldkreuz in meiner Heimat. Das stimmt, liebe Kerstin. Ich habe es selbst erfahren. Freilich bleibt das Ganze ein Geheimnis. Die Bibel dringt auf verschiedenen Wegen zur Mitte vor. Dabei setzt sie eine Grund-Einsicht voraus: Wir sind alle eins auf der Welt, eine Schicksalsgemeinschaft. Ob wir uns weiterentwickeln oder zugrunde richten – wir können es nur gemeinsam. Was einer tut, betrifft alle. Keiner kann aus dieser Gemeinsamkeit heraus.

So geht die Bibel auch von einer Gemeinsamkeit in Heil und Unheil aus. Die Sünde – dargestellt durch Adams Tat – hat die ganze Menschheit vergiftet. Keiner von uns kann da heraus, keiner von uns kann das wieder gutmachen. Doch: einer. Er, der zugleich Gottes Sohn ist. Er leistet Sühne für uns am Kreuz. Durch seine Tat wird die ganze Menschheit heil.

Ein anderer biblischer Gedanke: die Stellvertretung. Jesus hat „für uns" gelitten. Er hat sein Leben hingegeben „als Lösegeld für viele" (Markus 10,45). Paulus treibt diesen Gedanken auf die Spitze: Ihn, den Sündenlosen, hat Gott „für uns zur Sünde gemacht, damit wir in ihm Gerechtigkeit Gottes würden" (2. Korintherbrief 5,21)!

Ähnlich der Gedanke vom Opferlamm, den Paulus im 1. Korintherbrief betont (5,7): Jesus selbst hat von dem „Blut des Neuen Bundes" gesprochen, damals, beim Letzten Abendmahl. Opfer? Früher haben die Leute Tiere geopfert, um Gott ihre Hingabe auszudrücken. Jesus gibt sich selber hin, für uns alle. So geschieht am Kreuz ein Opfer, durch das die Menschheit wieder eins wird mit Gott.

Im Augenblick des Todes rief Jesus: „Es ist vollbracht!" (Johannes 19,30). Das war ein Siegesruf: Die Sünde, die Ungerechtigkeit der Welt, der Satan und alle widergöttlichen Mächte waren geschlagen. Das drückt vor allem der Evangelist Johannes aus. Er sieht im Kreuz immer zugleich die Auferstehung. Es ist für ihn Zeichen einer neuen Freiheit für den ganzen Menschen. Kannst Du Dir vorstellen, liebe Kerstin, was diese Gedanken der Heiligen Schrift für uns bedeuten? Die Welt ist noch immer voller Ungerechtigkeit, voller Not und Schmerz, und viele fragen: Warum beseitigt Gottes Sohn das Leid der Welt nicht? Er tut Größeres: Er nimmt es selber auf sich, wendet es zum Heil. Und er fordert uns auf, ihm nachzufolgen, unser Kreuz im gleichen Sinne zu tragen. Er hat uns in der Taufe in sein Todesleiden genommen, damit wir auch an seinem Leben teilhaben. Er macht sein Kreuzesopfer in der Messe gegenwärtig, damit wir immer wieder neu mit ihm eins werden. Mit Jesus eins: So können Tod und Leid sinnvoll und hell werden ...

Natürlich heißt das nicht, daß wir das Leid und die Ungerechtigkeit in der Welt einfach hinnehmen und die Betroffenen mit dem Kreuz „vertrösten". Gottes Sohn ist am Kreuz ja gerade mit den Erniedrigten und Gequälten dieser Welt eins geworden und hat ihnen seine Liebe gezeigt. Deshalb müssen wir im Zeichen des Kreuzes für die Menschen eintreten, für ihre Freiheit, gegen ihre Not. Aber Tod und Leid werden trotzdem bleiben. Das Kreuz wendet sie zum Segen.

Glaube mir, liebe Kerstin: Das sind nicht bloß fromme Sprüche. Es gibt Stunden, wo einen nur noch das Kreuz hochhält. Ich glaube fast, Du hast das selber schon erlebt ...

Es grüßt Dich herzlich
Dein Franz

Hinabgestiegen ...

Keine Reise-beschreibung von Jesu „Höllenfahrt"

Liebe Kerstin!

"

Bei unserem Briefwechsel versuchen wir, den Sätzen des Glaubensbekenntnisses zu folgen. Diesmal bist Du mir zuvorgekommen mit Deiner kritischen Anfrage: Was soll der Satz „hinabgestiegen in das Reich des Todes", der jetzt kommen müßte? Es trifft sich gut, daß Ihr gerade jetzt im Museum mittelalterliche Handschriften angeschaut habt. So bist Du auf das Bild von der Höllenfahrt Jesu gestoßen, das Du mir als Postkarte beigefügt hast. Vielen Dank dafür! Nur glaube nicht, daß ich Dir auf Anhieb erklären kann, was da geschehen ist, sozusagen mit einer Reisebeschreibung von dem Zug Jesu in das Reich des Todes. Mit Recht schreibst Du: „Da kann doch keiner dabeigewesen sein, was soll also dieser Satz, was sollen die grauslichen Bilder vom Schlund des Höllenungeheuers, aus dem Jesus, mit der Siegesfahne in der Hand, die Menschen herausführt?"

Tatsächlich aber, liebe Kerstin, hast Du mit der Formulierung dieser Frage schon die halbe Antwort selber gegeben. Es geht tatsächlich um den Sieg Jesu, um die Erlösung aller Menschen.

Zuerst muß man bedenken, daß alle diese Bilder, ja das Glaubensbekenntnis selber, diesen Gedanken nach damaligen Vorstellungen von der Welt einkleiden: Tief unten, im Totenreich, führen die Verstorbenen ein Schattendasein. Zu ihnen, so stellte man sich das vor, kommt Jesus, der soeben am Kreuz das Schicksal des Todes erlitten hat. Aber er kommt als Sieger über die Mächte der Finsternis. Im Triumphzug durcheilt er die Unterwelt und wirft den Satan nieder. Er sprengt die Pforten der Hölle auf und führt die Gefangenen zum Licht des Himmels. Ein gewaltiges Schauspiel, das die Phantasie beflügelt. Kein Wunder, daß Maler und Dichter immer wieder versucht haben, dieses Geschehen darzustellen.

Es ist dumm, über solche Bilder zu lachen. Menschen vergangener Zeiten haben ihre Gedanken in damaligen Vorstellungen ausgedrückt. Für uns kommt es darauf an, was sie damit gemeint haben.

In Wirklichkeit wird auch hier ausgedrückt, was wir schon öfter miteinander bedacht haben. Die Menschheit lebt in Gottferne und Gottverlassenheit, im Todesschatten. Das betrifft nicht nur diejenigen, die zu Christi Zeit schon gestorben waren, sondern alle, zu allen Zeiten. Jesus aber ist durch seinen Tod am Kreuz in diese äußerste Nacht hinabgestiegen. Er hat selbst ausgerufen: „Mein Gott, warum hast du mich verlassen?" (Markus 15,34). Damit ist er in die ganze Hölle des Mensch-Seins eingegangen, eins geworden mit denen, die verloren waren. Das aber bedeutet den Sieg Gottes über die Mächte der Finsternis und des Todes.

Das Bild vom Siegeszug Jesu durch das Reich des Todes bedeutet vor allem auch, daß er das Heil aller Menschen bewirkt, auch das der längst verstorbenen Generationen. Er holt die Scharen herauf. Sein Sieg wird auch den längst Vergessenen zuteil, sein Tod gilt allen Opfern der Geschichte. Sein Gang zu den Verstorbenen besagt: Gerade denen, für die das Leben längst gelaufen ist, die keine Chance mehr haben, die alle Hoffnung begraben haben, bringt er das Heil. Das aber, liebe Kerstin, ist eine Botschaft, die auch uns Lebende betrifft! Wie viele gibt es, die schon auf dieser Welt alles begraben haben: Sie sollen aus dem Kreuzestod des Herrn Hoffnung schöpfen.

Merkst Du, daß wir bei alledem schon längst von dem nächsten Glaubensartikel sprechen? Der wird uns nun lange beschäftigen, weil er zusammen mit der Lehre vom Kreuz die Hauptsache in unserem Glauben ist: Jesus ist auferstanden und in den Himmel aufgefahren. Der Gekreuzigte ist vom Vater erhöht zum Herrn der Welt.

Ich wünsche Dir gesegnete Kar- und Ostertage und grüße Dich herzlich! Dein Franz

Jesus

☞ hat seinen Tod zum Heil aller auf sich genommen.

☞ ist am Kreuz gestorben, um Sühne für unsere Sünden zu leisten.

☞ ist das „Lamm Gottes", das sich für uns geopfert hat.

☞ hat das Leid der Welt auf sich genommen und zum Heil gewendet.

☞ ist hinabgestiegen in die äußerste Verlassenheit des Todes und hat die Erlösung aller Menschen bewirkt, auch der längst Verstorbenen.

Herr,

du bist in der Liebe treu und konsequent geblieben, du bist nicht ausgewichen, du gehst in deiner Liebe nicht von den Menschen weg, auch wenn sie dir das Kreuz bringen. Du trägst es, damit alle im Kreuz dir, der Liebe, begegnen können.

Nimm mich in dein Kreuz, trage mich in deinem Kreuz –, in meinem Kreuz.

Elmar Gruber

Das Lied vom Gottesknecht (Jesaja 53,4):

Er hat unsere Krankheiten getragen und unsere Schmerzen auf sich geladen ... Er wurde durchbohrt wegen unserer Verbrechen, wegen unserer Sünden zermalmt. Zu unserem Heil lag die Strafe auf ihm, durch seine Wunden sind wir geheilt ... Denn er trug die Sünden von vielen und trat für die Schuldigen ein.

Wir beten dich an, Herr Jesus Christus, und preisen dich, denn durch dein heiliges Kreuz hast du die Welt erlöst.

Was geschah am Ostermorgen wirklich?

Jesus ist wahrhaft auferstanden

Liebe Kerstin!

Herzlichen Dank für Deine lieben Ostergrüße und die schöne Postkarte, die Du beigefügt hast: Fängst Du an, Dich für zeitgenössische christliche Kunst zu interessieren? Das fände ich ausgezeichnet, denn die Meisterwerke der Kunst sind auch Zugänge zum Glauben!

In unserem Fall allerdings gibt es gleich wieder Schwierigkeiten. Keiner hat die Auferstehung Jesu miterlebt. Die Bibel stellt nur die Tatsache als solche fest: „Christus ist für unsere Sünden gestorben, gemäß der Schrift, und ist begraben worden. Er ist am dritten Tage auferweckt worden, gemäß der Schrift, und erschien dem Kephas, dann den Zwölf" (1. Korintherbrief 15,3-5). Das ist eine Glaubensformel, die in der Urkirche gesprochen wurde. Die Bibel bekennt die einmalige Tat Gottes, aber sie verzichtet darauf, das Ereignis als solches zu schildern, und sie hat gute Gründe dafür. Es entzieht sich nämlich unserer Vorstellung. Es reicht über diese Welt hinaus. Jesus ist in Gottes Herrlichkeit hinein auferstanden. Die aber kann man nicht beschreiben.

Also, haben manche gesagt, ist die Auferstehung gar kein geschichtliches Ereignis, es ist überhaupt nichts passiert, es wird in dieser Botschaft nur der Glaube der Urgemeinde formuliert – wie auch immer er entstanden sein mag. Besagt dieser Glaube am Ende nur, daß die „Sache Jesu" weitergeht, daß sich mit ihm selber nichts Außergewöhnliches ereignet hat? Solche Theorien werden vertreten, aber gegen sie steht ganz klar das Zeugnis des Neuen Testaments: „Ist aber Christus nicht auferweckt worden, dann ist unsere Verkündigung leer und euer Glaube sinnlos", sagt Paulus (1. Korintherbrief 15,14). In Wirklichkeit waren die Jünger von der Tatsache der Auferstehung durchdrungen. So sehr, daß sie dafür in den Tod gegangen sind. Während man eigentlich nach dem Kreuzestod Jesu nur von seinem Scheitern, ja von Gottes Gericht über ihn hätte reden müssen, erfaßt ihre Botschaft rasend schnell die ganze damals bekannte Welt und krempelt sie geistig um. Nein, sie haben nicht eine Theorie verkündet, sondern eine Tatsache. Ihr eigenes Erleben haben sie weitergegeben. Er selbst hatte sie dazu gesandt, alle Völker für diesen Glauben zu gewinnen. So sind sie zu den Pfeilern der Kirche geworden.

Aber worauf stützten sie sich?

Die Bibel berichtet, wie der Herr ihnen erschienen ist. Wie er wirklich, leibhaft kommt, mit ihnen spricht, ißt und trinkt. Sie spricht von Tatsachen, die an Ort und Stelle und zu bestimmter Zeit passiert sind. Und doch befinden sich diese Berichte von den Erscheinungen des Auferstandenen in einem eigenartigen Schwebezustand: Sie lassen etwas Überirdisches ahnen, haben etwas Tastendes, fast Stammelndes an sich, lassen sich auch nicht zu einem exakten Hergangsbericht zusammenfügen. Doch wie könnte es anders sein! Jesus ist ja nicht in ein beschreibbares Dasein „zurückgekehrt" (wie etwa der Jüngling von Nain, den er auferweckt hatte), sondern in Gottes Herrlichkeit auferstanden.

Noch ein Wort zu mancherlei Theorien, die – teils schon zur Zeit der Apostel, teils besonders vom 18. Jahrhundert an – von ungläubigen Leuten vertreten worden sind. Zum Beispiel, die Jünger hätten Jesu Leichnam gestohlen, der Auferstehungsbericht sei Betrug. Oder Jesus sei nur scheintot gewesen, oder es liege eine Verwechslung vor, oder sie hätten Wahnvorstellungen gehabt. Da meinen etliche, sie müßten im Namen der Wissenschaft gegen den Auferstehungsglauben vorgehen. Ihre Erklärungsversuche aber haben alle nur einen einzigen Grund: Ihre Verfasser halten nur innerweltliches Geschehen für möglich, kein Eingreifen Gottes. Das aber ist keine Wissenschaft, sondern ein Vorurteil. Für uns, liebe Kerstin, ist gerade das Gegenteil Grund unserer Osterfreude: Gott hat mächtig eingegriffen, mit Jesus hat er auch uns den Sieg geschenkt!

Mit herzlichen Grüßen
Dein Franz

Was die Auferstehung Jesu bedeutet

Eine Kette ist gesprengt!

Liebe Kerstin!

Für Deinen Osterbericht danke ich Dir herzlich. Ihr habt in Eurer Gemeinde die Osternacht am frühen Morgen gefeiert. Nach und nach ist es immer heller geworden, es war für Dich ein großes Erlebnis. Ist Dir auch aufgefallen, daß in der Osterliturgie fast mehr von uns als von Jesus die Rede ist? Die Kirche will uns nämlich klarmachen: Seine Auferweckung von den Toten ist *unsere* Sache!

Das Dunkel der Osternacht ist ein Sinnbild für die Welt: Finsternis, Aussichtslosigkeit, Tod. Alles, was lebt, muß sterben. Das scheint das eiserne Gesetz der Welt zu sein. In der Osternacht wird diese Kette aufgesprengt. Eine uralte Menschheitshoffnung wird lebendig: der Sieg des Lebens. Schon das Alte Testament sieht Gott als den Lebendigen, der Leben schafft. So hoffte das Volk Israel: Er gibt das Leben nicht endgültig dem Tode preis. Diese Hoffnung war zuerst nur undeutlich vorhanden, später, in Not- und Verfolgungszeiten, flammte sie mächtig auf: Er wird am Ende sogar die Toten auferwecken! So bedeutet die Auferstehung Jesu, daß diese Endzeit angebrochen ist, Gottes Reich hat angehoben, die neue Schöpfung hat begonnen. Deshalb wird ja auch in der Osternacht der Text von der Erschaffung der Welt vorgelesen. Das ist die erste Schöpfung: Mit der Auferweckung Jesu setzt die neue Schöpfung ein. Unsere Augen werden auf die Zukunft gerichtet: Gott wird Sieger bleiben, Gerechtigkeit und Liebe werden über Unrecht und Haß den Sieg davontragen. Wir selber werden auferstehen. Die ganze Welt wird verwandelt werden in neues Leben. Alles wird aufleben: auch das Gute, das einer im Verborgenen getan hat.

Wir haben uns schon viel über Gott unterhalten, liebe Kerstin. Am Ostertag finden wir für ihn einen neuen Namen: Gott des Lebens, Gott, der die Toten erweckt. Unser ganzes Denken und Fühlen wird auf die Zukunft gerichtet: Christus ist auferstanden, Gott wird uns mit ihm zum ewigen Leben auferwecken. Nicht der Tod hat das letzte Wort, sondern das Leben. Gott garantiert es. Auf ihn ist auch noch Verlaß, wenn alle unsere Möglichkeiten zerbrechen. Wer das glaubt, bekommt eine neue Richtung in seinem Leben. Für den ist nicht mehr entscheidend, was er hier und heute „von seinem Leben haben" kann, sondern, was Gott mit uns machen wird. Auf ihn können wir uns ganz einlassen!

Natürlich soll dies nicht heißen, daß wir weltfremde Menschen werden sollen. Wir sollen uns gewiß einsetzen, sollen uns mühen für uns und für andere. Aber ich finde: Es macht einen gewaltigen Unterschied, ob man sich abmüht ohne die Aussicht, daß es jemals besser wird auf der Welt – oder ob man sicher ist, daß am Ende alles in den Sieg Gottes mündet! Gerade weil wir mit Jesus Sieger sind, können wir mit Zuversicht das Gute tun und Leid tragen, ohne die Hoffnung zu verlieren. Das ist der Osterglaube. Er macht alles, was wir über das Kreuz miteinander bedacht haben, erst vollständig. Man kann sich über diese Osterbotschaft in Begeisterung reden, wie Du siehst, liebe Kerstin. Natürlich dürfen wir dabei nicht vergessen, was die Auferstehung für den Herrn selber bedeutet: Gott hat seine Botschaft und seinen Anspruch feierlich bestätigt. Für die Jünger, die ihn zuvor nur halb verstanden hatten und die von seinem Kreuzestod erschüttert waren, ist jetzt der Weg zum vollen Glauben offen: Er ist der Messias, das Heil für Israel und die ganze Welt, er ist der Sohn Gottes. Der Apostel Thomas, zuvor skeptisch und ungläubig, fällt vor dem Auferstandenen auf die Knie und ruft: „Mein Herr und mein Gott!" (Johannes 20,28).

Ich wünsche Dir noch viel Freude in der Osterzeit
Dein Franz

Die Himmelfahrt des Herrn

Wir sind mit ihm Sieger

Liebe Kerstin!

Du hast Dich geärgert, weil etliche aus Deiner Klasse „Vatertag" gefeiert und für den eigentlichen Sinn des Himmelfahrtstages nur dumme Sprüche übrig hatten. Natürlich hast Du recht mit dieser Kritik. Aber wir müssen uns auch selber fragen: Was bedeutet denn für uns der Satz „aufgefahren in den Himmel"?

Darüber gibt es nämlich die seltsamsten Vorstellungen. Manche vergleichen die Himmelfahrt des Herrn mit der Raumfahrt und fragen dann: Wo ist er denn heute? Die haben nicht begriffen, daß die Bibel hier – wie so oft – in Bildern spricht. Er wird erhoben, eine Wolke hüllt ihn ein. Das bedeutet: Gott Vater hat seinen Sohn über alle Welt erhöht. Die Wolke ist schon im Alten Bund Sinnbild der machtvollen Gegenwart Gottes. In einer Wolke hat er die Israeliten geführt, aus einer Wolke spricht er bei der Taufe Jesu im Jordan und bei der Verklärung auf dem Berg Tabor. Himmelfahrt heißt also: Jesus ist eingegangen in Gottes Herrlichkeit, er „sitzt zur Rechten des Vaters", nimmt teil an seiner Macht und Größe. Man kann die Himmelfahrt nicht von dem Ostergeschehen trennen. Sie drückt im Grunde genommen das gleiche aus. Als Kind ist mir Christi Himmelfahrt manchmal wie ein Abschiedstag vorgekommen, so lebendig hatte uns unser Lehrer geschildert, wie Jesus von seinen Jüngern fortgeht in den Himmel. Erst später habe ich begriffen, daß dies eigentlich ein Irrtum war: Jesus wird erhoben, aber nicht von uns entfernt. Auch als der Thronende, als der Allherrscher, bleibt er uns nahe. Schon zur Römerzeit haben die Christen Jesus als Allherrscher dargestellt, zum Beispiel auf prächtigen Mosaikbildern. Während die Gemeinde die Messe feierte, sollte sie den erhöhten Herrn vor Augen haben. Erhöht – und doch unter den Menschen wirkend als Prophet, Priester und König.

Prophet: Mehr als alle Männer mit diesem Titel ist Christus der Künder der Wahrheit, das Licht der Welt. Als erhöhter Herr übt er dieses prophetische Amt durch die Kirche aus. Wenn sie den Glauben verkündet, spricht Christus, der Herr. Überall, wo man sein Wort weitersagt, beherzigt, ins Leben übersetzt.

Priester: Wir haben schon davon gesprochen, daß Jesus am Kreuz für uns ein Opfer dargebracht hat. Er ist unser Hoherpriester, so wird er in jeder Eucharistiefeier gegenwärtig. Der Priester, der am Altar steht, ist nur sein Stellvertreter, er muß den Herrn darstellen. An diesem Priestertum haben alle Christen Anteil, die nach seinem Wort zu leben versuchen und so „geistige Opfer" darbringen.

König: Er selber hat vor Pilatus gesagt: „Ja, ich bin ein König!" Das ist mit seiner Himmelfahrt nun ganz klar geworden. Er ist „König der Könige und Herr der Herren" (1. Timotheusbrief 6,15). Damit wird ein Hoheitstitel auf Christus angewandt, der in früheren Zeiten Großes bedeutet hat: Herrlichkeit, unumschränkte Macht. Gewiß ist sein Reich nicht politisch gemeint. Und doch greift es tief in die Welt ein. Wo immer sich Menschen in ihrem persönlichen Leben, in der Familie, in der Gesellschaft seinem Wort unterwerfen, da wächst das Reich Gottes …

Christi Himmelfahrt und sein Thronen zur Rechten des Vaters sind also nichts Weltabgewandtes, liebe Kerstin. Diese Glaubenswahrheit bedeutet vielmehr: Wenn es in der Welt auch noch so viel Unheil und widergöttliche Macht gibt: Sein Reich wächst unaufhaltsam, und wir sind mit ihm Sieger!

Am Himmelfahrtstag wird den Aposteln zugerufen: „Dieser Christus wird ebenso wiederkommen, wie ihr ihn habt zum Himmel hingehen sehen!" (Apostelgeschichte 1,11). In jeder Meßfeier drücken wir unsere Erwartung aus, daß er „kommt in Herrlichkeit". Die Urkirche war von diesem Gedanken fasziniert: Am Ende kehrt Christus wieder, als Sieger, Richter und Vollender, und dann wird sein Reich allein triumphieren ohne Ende. Christi Himmelfahrt ist ein Hoffnungsfest, liebe Kerstin, und so sollten wir es feiern!

Herzlich grüßt Dich
Dein Franz

Die Auferstehung Jesu

☞ Am dritten Tag nach seinem Tod ist Jesus auferstanden. Seinen Jüngern ist er leibhaft begegnet.

☞ Seine Auferstehung bedeutet nicht „Rückkehr" ins vorherige Leben, sondern Eingehen in Gottes Herrlichkeit.

☞ Jesu Sieg über den Tod ist Kern der christlichen Botschaft, er schenkt uns Hoffnung auf unsere eigene Auferstehung und ewiges Leben.

☞ Auferstehung und Himmelfahrt bestätigen Jesus als Herrn und Erlöser der Welt, der einst wiederkommen wird in Herrlichkeit.

Deinen Tod, o Herr, verkünden wir, und deine Auferstehung preisen wir, bis du kommst in Herrlichkeit.

Aus dem „Exsultet", dem Preislied der Osternacht:

Dies ist die selige Nacht, in der Christus die Ketten des Todes zerbrach und aus der Tiefe als Sieger emporstieg. Wahrhaft: Umsonst wären wir geboren, hätte uns nicht der Erlöser gerettet.

O unfaßbare Liebe des Vaters: Um den Knecht zu erlösen, gabst du den Sohn dahin! O wahrhaft heilbringende Schuld des Adams, du wurdest uns zum Segen, da Christi Tod dich vernichtet hat.
O glückliche Schuld, welch großen Erlöser hast du gefunden!

Übertreibt die Kirche nicht ein bißchen, wenn sie in der Osternacht sogar von der „glücklichen Schuld" redet? Ganz bestimmt! Aber was kann man denn Ostern anders tun als „übertreiben"? Es ist das größte Freudenfest des Jahres. Ich will es mit Begeisterung feiern und jeden Sonntag des Jahres als ein kleines Osterfest betrachten.

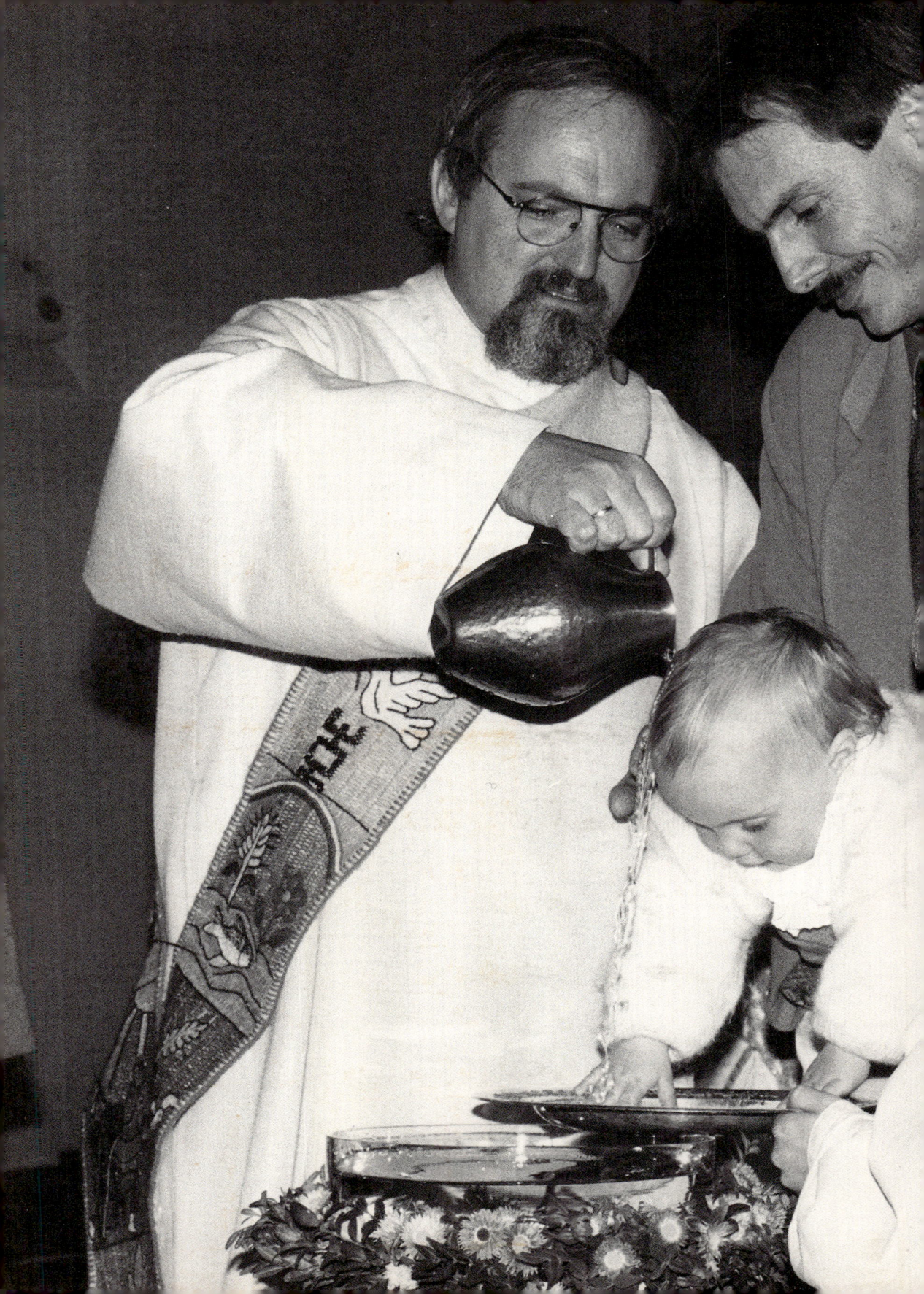

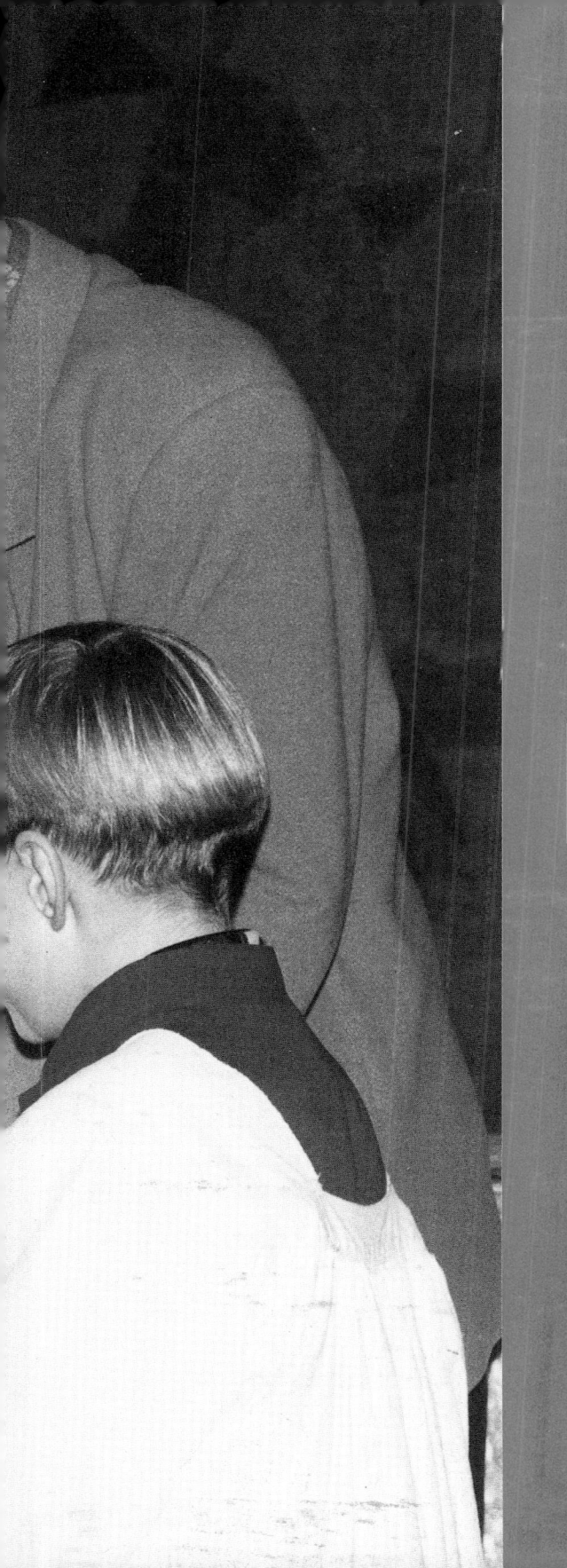

Das Wirken des Heiligen Geistes

Vom Wirken des Heiligen Geistes

Das Schönste ist: geliebt zu werden

Liebe Kerstin!

Für Deine lieben Pfingstgrüße möchte ich Dir herzlich danken. Du bist mit Deiner Mutter in den Dom zum Festgottesdienst gegangen, Du warst begeistert, aber Du hast natürlich auch wieder einmal den Gegensatz erlebt, der uns beide schon öfter beschäftigt hat: Wir singen: „Der Geist des Herrn durchweht die Welt, gewaltig und unbändig", wir hören mit Staunen die Botschaft von den feurigen Zungen, die auf die Apostel herabkamen. Aber wir fragen auch: Ist denn die Welt wirklich erlöst durch das Wirken des Geistes? Ist das nicht Theorie? Liegt nicht noch immer so viel im argen?

Manche sind ja heute so bedrängt vom Elend und von der Schlechtigkeit der Welt, daß sie total „aussteigen" möchten. Sie suchen nicht die Erlösung der Welt, sondern möchten sich von der Welt (er-)lösen. Schon in der Frühzeit der Kirche meinten manche, durch Loslösung von der schlechten Welt kämen sie zu höheren Einsichten und nannten ihre Denkrichtung „Gnosis" = Erkenntnis. Die Kirche denkt da ganz anders. Sie bleibt dabei: Das Heil ist in der Welt. Der Heilige Geist wirkt!

Was da zu Pfingsten in Jerusalem geschehen ist, kann man kaum begreifen. Im Zeichen von Sturm und Feuer packt der Geist Gottes die Urgemeinde, begeistert sie. Daraus wächst ein blühendes Gemeindeleben. Manchmal bewirkt der Geist ganz Ungewöhnliches, verzücktes Jubeln in Gott zum Beispiel, oder Krankenheilungen. Das gibt es auch heute noch. Meistens aber wirkt der Geist im

Alltag. Er ist die treibende Kraft hinter allem Guten, was die Gemeinden im Glauben und in der Liebe hervorbringen.

Aber laß uns noch ein bißchen weiter zurückgreifen, liebe Kerstin. Unser Glaubensbekenntnis sagt: „Ich glaube an den Heiligen Geist, der Herr ist und lebendig macht!" Es gibt in der Welt so viel Schönheit, Leben, Liebe. Laß Dir nicht den Blick dafür verstellen. Ich finde: Hier ist überall der Geist Gottes wirksam. Man findet sein Wirken, wo Menschen einander vergeben, wo sie ihren Egoismus überwinden und gut zueinander sind. Da kann man schon etwas von der Vollendung der Welt ahnen.

Die Bibel macht uns aber erst recht klar, daß der Geist Gottes bei der Erlösung am Werk ist. Er bringt Gottes Leben in die Welt. Durch ihn empfängt Maria das Jesuskind. Jesus wird später sagen: „Der Geist des Herrn ruht auf mir!" (Lukas 4,18). Unsere Erlösung besteht darin, daß wir an der Geistfülle Christi teilhaben. Was soll das bedeuten? Es hört sich schwierig an.

Tatsächlich aber geht es um eine ganz einfache – und doch wunderschöne Sache. Es gibt nichts Herrlicheres als das Gefühl, geliebt zu werden, liebe Kerstin. Unser Glaube lehrt uns, daß Gott uns ganz und endgültig in der Liebe angenommen hat, ein volles Ja zu uns sagt. Er schenkt sich uns, er erfüllt uns mit seinem Geist, mit seinem göttlichen Leben. Er gießt seine Liebe in unsere Herzen. Diese Gottesfreundschaft – die Kirche nennt sie auch „Gnade" – ist das Schönste, was es gibt.

Die Gnade macht uns heil, bewirkt in uns Ordnung, Zucht und Maß, öffnet uns für Gott und für die Mitmenschen. Der Geist Gottes führt uns zusammen und läßt uns die Nähe des Vaters erfahren. Die Heiligen waren von dieser Gemeinschaft mit Gott ganz erfüllt und glücklich. Den Geist Gottes erfahren wir erst recht im Leiden, wenn er uns trotz allem Geduld, Tapferkeit und Hoffnung schenkt ...

Nein, liebe Kerstin, die Lehre vom Heiligen Geist ist alles andere als Theorie. Wenn man Auge und Herz offen hält, begreift man im Glauben: Vom Geist kommt alles Leben, er macht uns Hoffnung auf Gott und sein Reich, er wirkt ständig in uns: heiligend, versöhnend, tröstend. Wenn wir darüber noch mehr nachdenken, wird es uns ganz bestimmt immer klarer: Glauben ist schön, liebe Kerstin!

Es grüßt Dich herzlich
Dein Franz

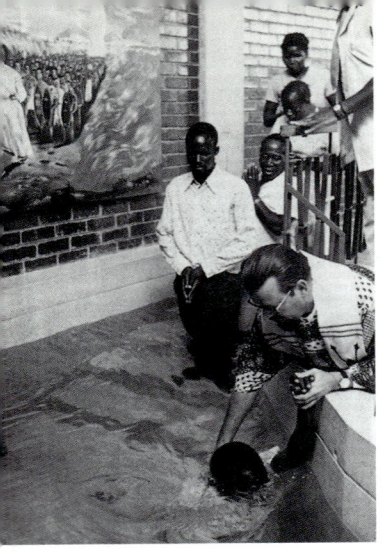

Die Vorherbestimmung zum Heil

Ohne Gottes Güte wären wir verloren

Liebe Kerstin!

,, Zu Deinem 15. Geburtstag gratuliere ich Dir von Herzen und wünsche Dir alles, alles Gute! Fünfzehn Jahre – das ist eine ganz schöne Lebensspanne, da lohnt es sich schon, Rückblick zu halten und darüber nachzudenken, was Gott uns alles schenkt. Es lag auch viel Bitteres auf Deinem Lebensweg, am meisten hat Dich der Tod Deines Vaters getroffen. Erinnerst Du Dich: Damals haben wir angefangen, unsere Gedanken über Gott und die Welt auszutauschen. Und ich habe mich sehr darüber gefreut, daß Du mir vorige Woche geschrieben hast: Durch den Glauben wird mein Leben schöner! Ich wünsche Dir von Herzen, daß dies auch in Deinem neuen Lebensjahr der Fall sein wird. Gern will ich Dir auch heute ein paar Glaubensgedanken mit auf den Weg geben.

So ein Geburtstagsrückblick läßt einen vor allem dies erkennen: Gott hat uns zum Heil bestimmt, vom Anfang unseres Lebens an. Er hat Dich schon auserwählt zur guten Gemeinschaft mit ihm, ehe Du denken konntest, ja ehe Du überhaupt da warst. Die Kirche spricht von der „Vorherbestimmung" und verkündet damit eine tröstende, frohe Botschaft: Er, der Herr, will unser Heil. Schon von Ewigkeit her hat er uns im Blick. Nichts in der Welt kann uns von dieser Liebe Gottes trennen. Gottes Heilswille meint alle Menschen. Keiner ist davon ausgenommen. Nicht einmal die Menschen, die Gott überhaupt noch nicht kennen, sind vom ewigen Heil ausgeschlossen. Natürlich nimmt Gott uns bei dieser Berufung als Menschen ernst: Keiner wird automatisch gerettet. Gott will unsere freie Zustimmung, unser Ja als Antwort auf seine Liebe. Und das bedeutet: Wir können durch unsere Schuld auch das ewige Heil verfehlen. Über diese schlimme Möglichkeit wird heutzutage nicht oft gesprochen, und das ist gut so, denn Gott will ja nicht unser Verderben, sondern unser Heil. Aber es ist doch notwendig, sich auch das Gegenteil vor Augen zu halten. Dann wird uns nämlich klar, daß wir alle verloren wären, wenn seine Güte und Gnade uns nicht halten würden. Manche Stellen in der Heiligen Schrift sind im Lauf der Zeit übertrieben ausgelegt worden, so daß die Meinung entstand, nur wenige seien von Gott auserwählt, die Masse gehe ewig verloren. Manche – wie zum Beispiel der Reformator Jean Calvin im 16. Jahrhundert – sagen, Gott bestimme manche Menschen zur ewigen Verdammnis. Die katholische Kirche lehnt solche Gedanken ab. Gott will das Heil aller. Nur wer seine Liebe bewußt und endgültig ausschlägt, geht verloren. Wie das geschehen kann, wird uns immer ein Rätsel bleiben. Obwohl Gott allmächtig ist, läßt er uns Freiheit, so sehr, daß wir uns sogar gegen ihn stellen können. Wir wollen darin vor allem seine Liebe erkennen und erwidern. Gott will Dich niemals zwingen, er liebt Dich schon immer und will nur, daß Du seine Liebe erwiderst.

So dürfen wir uns in Jesus Christus als Erwählte fühlen. Dadurch sind wir aber nicht etwas Besseres als andere. Wir haben das Heil nicht „gepachtet". Im Gegenteil: Wir haben es empfangen, um anderen zu dienen. Die Erwählung des einen ist immer auch das Heil des anderen. Deshalb gibt es auch keine von Gott bevorzugten Familien oder Rassen. Gerade die Schwachen hat er erwählt.

Du selber aber sollst Dich jeden Tag freuen, daß Gott Dich erwählt hat und Dir in Christus Liebe schenkt, bis Du einmal Dein ewiges Heil erlangt hast. Halte Dich an Gottes Liebe, und gib sie weiter, besonders an die Schwachen und Armen. Dann wird Dein Leben reich, schon auf dieser Welt und erst recht in der Ewigkeit.

Vielleicht sollten wir an unserem Geburtstag - und erst recht an unserem Tauftag - immer daran denken: Gott hat mich erwählt. Man kann sehr glücklich werden bei diesem Gedanken.

„

Und das wünsche ich Dir von Herzen!
Dein Franz

Die Rechtfertigung – ein Streit-Thema

Von der Kunst, sich beschenken zu lassen

Liebe Kerstin!

Für meinen Geburtstagsgruß und das kleine Geschenk, das ich dazugelegt hatte, hast Du Dich so herzlich bedankt – darüber freue ich mich sehr. Dankbar sein für ein Geschenk – das ist etwas Schönes. Es gibt Leute, liebe Kerstin, die kriegen es nicht fertig, sich etwas schenken zu lassen, die wollen alles selber erwerben und schaffen. Manche übertragen diese Haltung sogar auf ihr Verhältnis zu Gott – und dann wird es schlimm.

Zur Zeit Jesu hatten die Pharisäer etwas von dieser Art an sich. Es gab damals eine Masse von Vorschriften – Fastengebote, Reinigungsvorschriften, Gebetsverpflichtungen, genaue Anweisungen für das Sabbatgebot, zum Beispiel, wie viele Schritte man gehen darf. Und manche Pharisäer meinten: Wenn wir das haargenau einhalten, stehen wir vor Gott tadellos da, dann können wir ihm unsere Taten wie eine Rechnung vorhalten. Jesus hat sie scharf zurückgewiesen, und Paulus, der ursprünglich selbst ein Pharisäer war, betonte später immer wieder: Wir kommen vor Gott nicht durch die Erfüllung der Gesetze in Ordnung, sondern Jesus macht uns durch seine Erlösung gerecht. Er ist für die Sünder gestorben, und nur, wer seine Gnade annimmt, wer im Glauben Gottes Liebe empfängt und erwidert: der ist „gerechtfertigt". Christ sein heißt, sich von Gott beschenken lassen. Wer sich ganz für ihn öffnet, empfängt unglaubliche Schätze: die Vergebung der Sünden, die Befreiung von Sinnlosigkeit, von Hoffnunglosigkeit, die Freundschaft mit Gott. Er wird zu einer neuen Schöpfung, lebt im Licht statt in der Finsternis, nimmt teil am Heraufziehen der Gottesherrschaft, und er steht nicht unter dem unsinnigen Leistungsdruck, sein Heil selber schaffen zu müssen. Es wird geschenkt.

Diese Einsicht geht manchen gegen den Strich. Sie meinen, der Mensch könne sich selber erlösen, auch ohne Gottes Gnade. Das hat (um 400) der antike Irrlehrer Pelagius behauptet, und auch heute gibt es unzählige „Selbst-erlöser". Dagegen wendet sich die Kirche. In ihrem uralten Heilig-Geist-Lied (um 1200) heißt es:

„Ohne dein lebendig Wehn
kann im Menschen nichts bestehn,
kann nichts heil sein noch gesund." (Gotteslob 244)

Martin Luther war von diesem Gedanken tief durchdrungen. Er hatte Anstoß genommen an der Art vieler Christen, die meinten, mit bestimmten Praktiken (Messen, Ablässen, Wallfahrten) könnten sie das Heil erwerben. Mit dieser Kritik an einer sehr äußerlich gewordenen Religion hatte er recht. Aber er übertrieb. Er lehrte, der Mensch sei durch und durch Sünder, er könne an seinem Heil überhaupt nicht mitwirken, selbst für seine guten Werke könne er von Gott keinen ewigen Lohn erwarten, es fehle ihm überhaupt der freie Wille, um mit Gottes Gnade mitwirken zu können. Die katholische Kirche hat diese Ansichten damals scharf zurückgewiesen, vielleicht zu scharf. Sie sagt: Gottes Gnade hat uns neu geschaffen, deshalb können wir mitwirken an unserem Heil, unsere guten Werke sind vor Gott wohl etwas wert, sie sind ja Früchte der göttlichen Gnade. Alles richtig, und leider hat man sich damals in dieses Problem so verbissen, daß es zur Spaltung kam. Heute müssen wir Katholiken sagen: Luther hat da etwas sehr Richtiges und Wichtiges gesehen: Gott allein ist es, der uns heil macht, nicht wir selber. Luthers Wort stimmt: „Wir sind Bettler, das ist wahr!" Nur im Glauben werden wir gerechtfertigt, das heißt: Nur wer sich Gott in die Arme wirft, empfängt das Heil.

Sich beschenken lassen, liebe Kerstin, das ist es. Freilich muß man dazu seinen Stolz überwinden. Das ist ja vor Gott die einzig richtige Einstellung. Aber dann dürfen wir auch froh sein über die Sicherheit, die uns geschenkt ist: Wir können die Gebote halten, können das ewige Heil fest erhoffen, wenn wir auf Gottes Weg bleiben!

Es grüßt Dich herzlich Dein Franz

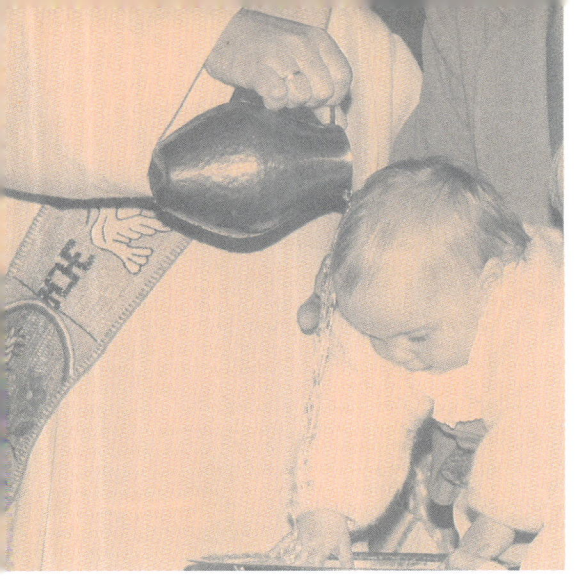

Was „Gnade" bedeutet

Wenn Gott sich selbst verschenkt

Liebe Kerstin!

Natürlich hat es Deine Mutter besonders interessiert, wie man in der katholischen Kirche heute über Luther denkt, über seinen Grundgedanken: Der Mensch kann sich nicht selber erlösen, er muß sich von Gott beschenken lassen. Für mich, liebe Kerstin, ist es natürlich doppelt schön, daß wir hier etwas getroffen haben, was Deine Mutter vom Konfirmandenunterricht her noch kennt und wo sie uns zustimmt. Es geht ja tatsächlich auch um eine schöne und wichtige Sache, um die Gnade Gottes. Laß uns noch ein bißchen bei diesem Thema bleiben.

Heil ist nur von Gott her möglich. Jesus macht den neuen Anfang dazu: Er verkündet die Botschaft vom Kommen der Gottesherrschaft. Was wird uns da alles geschenkt: Gottes Erbarmen und Liebe, Licht, Leben, Heil, Friede, Freundschaft und Gemeinschaft mit Gott. Wir werden vom himmlischen Vater als Söhne und Töchter angenommen, werden vom Heiligen Geist erfüllt und können Gott unseren Vater nennen. Man muß dies alles einmal im Zusammenhang sehen, dann wird einem das Geschenk der Gnade in seiner ganzen Schönheit klar: Gott schenkt sich selber, durch Christus geschieht dies, im Heiligen Geist. Er läßt uns an seinem Leben teilnehmen. Das ist für uns Menschen das Größte, was es gibt, unser Heil.

Wenn also einer fragt: Was heißt Gnade?, dann kannst Du ganz einfach antworten: Das ist Gott, der sich uns zuwendet. Zugleich aber sprechen wir auch von uns selber, wenn wir das Wort „Gnade" benutzen: Gott verwandelt uns ja durch seine Liebe, schafft uns neu, wir werden wiedergeboren aus dem Heiligen Geist. Er selber öffnet unsere Herzen für sein Licht und seine Liebe, er heiligt uns, er hilft uns immer wieder aufs neue, mit ihm und in ihm zu leben. Die Kirche spricht deshalb von „heiligmachender" und von „helfender" Gnade.

Dabei dürfen wir nicht meinen, es würde uns da etwas übereignet wie ein Paket. Gnade ist keine Sache, sondern eine Beziehung: Wenn die Sonne durchs Fenster scheint, schaffen ihre Strahlen eine Beziehung zwischen Sonne und Zimmer. Zugleich verändert sich das Zimmer, es wird warm und hell. Aber das trifft nur zu, solange die Strahlen hereinkommen. So ist es auch mit Gottes Gnade: Sie scheint in unsere Seele, macht sie lebendig und heilig. Wir selber werden durch die Gnade neu und bleiben es, solange die Gnadenbeziehung zu Gott besteht.

Gott und wir: Auf das Miteinander kommt es an. Das bedeutet: Leben aus Glaube, Hoffnung und Liebe.

Glauben heißt, Gottes Wahrheit ganz annehmen, das Leben ganz auf seine Treue bauen, sich ihm in die Arme werfen. Natürlich gibt es im Glauben immer wieder Dunkelheiten und Zweifel, und doch geht uns von Gott her der Sinn aller Dinge auf!

Hoffen heißt, sich ganz auf das kommende Gottesreich ausrichten, alle Verzweiflung der Welt hinter sich lassen, aber auch alle unsinnigen Versuche, das Heil selber zu bewerkstelligen. Ein Mensch ohne Hoffnung ist arm dran. Wir können auf Gott hoffen, er ist unsere Sicherheit.

Lieben heißt, eins werden mit Gott, ihn annehmen und sich ihm schenken. Wer Gott liebt, wendet sich auch dem Mitmenschen zu, der ja ebenfalls in Gottes Liebe steht ...

Durch dies alles wächst im Verborgenen das Reich Gottes. Wir aber sind schon davon erfaßt. Darum sollen wir soviel wie möglich von der Erlösung in die Welt tragen, uns für Gerechtigkeit, Frieden und Freiheit einsetzen. Die Gnade macht uns nicht weltfremd, im Gegenteil: Sie treibt uns an, die Welt zu verändern! Aber sie lenkt zugleich unsere Augen nach oben: Das Reich Gottes kommt!

Merkst Du, liebe Kerstin, daß uns im Glauben eine neue Welt aufgeht?

Es grüßt Dich herzlich
Dein Franz

Der Heilige Geist

☞ ist überall wirksam, wo Gutes geschieht.

☞ ist die Liebe Gottes, die ausgegossen ist in unsere Herzen.

☞ ist die Gnadengabe, in der sich Gott uns schenkt.

☞ bringt die Wirkungen der Gnade in uns hervor: Glaube, Hoffnung und Liebe.

☞ ist die dritte göttliche Person.

Gnade

☞ ist Gott selbst, der sich uns zuwendet, in uns wirkt, uns verwandelt.

☞ ist Gottes Kraft und Heiligkeit, die uns durch Jesus Christus geschenkt worden sind.

☞ macht uns zu Söhnen und Töchtern Gottes.

☞ hilft uns, mit Gott und nach seinem Gebot zu leben.

☞ schaltet nicht unseren Willen aus: Wir können an unserem Heil mitwirken.

☞ ist der Anfang der neuen Schöpfung.

Erwählung bedeutet:

☞ Gott liebt alle Menschen und will ihr ewiges Heil. Verloren geht nur, wer bewußt und endgültig Gottes Liebe ausschlägt.

☞ Man empfängt das Heil nicht für sich allein, sondern um anderen zu dienen.

☞ Ohne Gott, nur durch uns selbst, kommen wir nie ans Ziel; nur er kann uns zum Heil führen.

...relius Augustinus (354 – 430), Bischof ...n Hippo in Nordafrika, hat vor anderthalb ...hrtausenden seine tiefen Einsichten über die ...nade Gottes niedergeschrieben.

„Atme in mir, du Heiliger Geist, daß ich Heiliges denke. Treibe mich, du Heiliger Geist, daß ich Heiliges tue. Locke mich, du Heiliger Geist, daß ich Heiliges liebe. Stärke mich, du Heiliger Geist, daß ich Heiliges hüte. Hüte mich, du Heiliger Geist, daß ich das Heilige nimmer verliere."

(Gotteslob 4,6)

Ignatius von Loyola (1491 – 1556), der Gründer des Jesuitenordens, war ein Mann von ungewöhnlicher Tatkraft, er erwartete dennoch alles von der Gnade Gottes:

Nimm hin, o Herr, meine ganze Freiheit. Nimm an mein Gedächtnis, meinen Verstand, meinen ganzen Willen. Was ich habe und besitze, hast du mir geschenkt. Ich gebe es dir wieder ganz und gar zurück und überlasse alles dir, daß du es lenkst nach deinem Willen. Nur deine Liebe schenke mir mit deiner Gnade. Dann bin ich reich genug und suche nichts weiter.

(Gotteslob 5,6)

Mutter Teresa (1910 – 1997) hat ihr ganzes Leben an die Ärmsten der Armen verschenkt. Die Kraft dazu schöpfte sie aus der Zuwendung Gottes:

Lieber Herr, du hast mir Mut gegeben aus dem Vertrauen, daß du mich annimmst. Laß mich alle Unerwünschten so lieben, wie du mich liebst. Gib uns Anteil am Reichtum deiner Liebe, dann werden wir auch einander annehmen.

Der Geist schafft Gemeinschaft

Christus ja – Kirche nein?

Liebe Kerstin!

Das ist eine Nachricht, die mir Freude macht: Ihr wollt nach Rom fahren! Ich wünsche Dir und allen anderen, die nächstes Jahr dabei sein werden, schon jetzt ein großes, nachhaltiges Erlebnis! Mich selber erinnert Deine Mitteilung an meine Romfahrt damals. Ich sehe mich wieder im Petersdom, eng eingekeilt unter den Massen, um uns herum Amerikaner, Franzosen, Filipinos, Vietnamesen, Afrikaner. Es war ein gewaltiger, begeisterter Chor, als wir zusammen das lateinische Glaubensbekenntnis sangen: „... et unam sanctam catholicam et apostolicam ecclesiam." Wir fühlten uns eins in dieser „einen, heiligen, katholischen und apostolischen Kirche". Wir spürten förmlich: In dieser Weltkirche wirkt der Heilige Geist ...

Ich war damals mit gemischten Gefühlen nach Rom gefahren. Wir hatten ja im Geschichtsunterricht auch viel Negatives aus der Vergangenheit Roms und unserer Kirche gehört, von Machtkämpfen zum Beispiel, von Intoleranz, vom Paktieren der Kirche mit den Reichen: Die Kirche habe Jesus mit seiner Liebe zu den Armen und seiner Offenheit und Gewaltlosigkeit verraten, und in Rom sei so manches Erinnerungsstück an eine allzu machtbewußte Kirche zu sehen.

Heilige Kirche? Wir müssen doch zugeben: Unsere Kirche hat im Lauf der Jahrhunderte viel menschliche Schwäche und Bosheit mit sich herumgeschleppt. Dagegen steht nun freilich, was sie Großes geleistet hat! Ihr Kampf um die Rechte der Menschen bis heute, das Zeugnis unzähliger Märtyrer, ihr Dienst an den Ärmsten. Wenn man sich aus der Geschichte wegdenkt, was unsere Kirche für Menschlichkeit und Kultur geleistet hat – was bleibt dann noch übrig? Von Jesus und von der Hoffnung, die er uns gebracht hat, wüßten wir nichts!

Und doch wäre es falsch, liebe Kerstin, hier einfach Licht und Schatten gegeneinander aufzurechnen. Was die Kirche eigentlich ist, wird uns erst durch den Glauben klar. In ihr ist nämlich – aller menschlichen Dürftigkeit und Schwäche zum Trotz – der Geist Gottes am Werk.

Manche sagen heute: „Jesus ja – Kirche nein!" Sie meinen, man könne auch ohne diese Gemeinschaft Christ sein, ganz alleine sozusagen.

Gott denkt darüber anders. In der Heiligen Schrift kann man immer wieder seinen Grundgedanken aufspüren: Wo Gott sein Heil wirkt, entsteht Gemeinschaft. Er ruft nie einen einzelnen nur für sich allein. Abraham zum Beispiel wird von Gott gerufen – aber mit der Verheißung, Stammvater des Gottesvolkes zu werden. Eines Tages, so kündigen die Propheten an, wird Gott sich ein neues Volk erwählen, er wird die Menschen sammeln. Du siehst: Es geht immer um Volk, um Gemeinschaft.

Jesus selber knüpft daran an. Er wählt zwölf Apostel und erinnert damit an die zwölf Stämme Israels: Er will das neue Gottesvolk sammeln. Er läßt in seinem Abendmahl schon das himmlische Hochzeitsmahl ahnen. So sehe ich darum die Kirche: Sie ist Gottes Volk unterwegs, gemeinsam gehen wir in ihr der Vollendung des Gottesreiches entgegen!

Heute habe ich begriffen, daß unser Jubel damals in Rom berechtigt war. Freilich nicht, weil wir schon jetzt in der Kirche das vollendete Gottesreich auf Erden hätten. Der Grund zur Freude liegt tiefer: weil in dieser Kirche der Heilige Geist lebt, weil er ihre Seele ist, weil hier aller menschlichen Schwäche und Bosheit zum Trotz das Reich der Zukunft heranwächst. Ich wünsche Dir, liebe Kerstin, daß Du bei den Vorbereitungen der Romreise diese verborgene Seite der Kirche mehr und mehr entdeckst. Gern will ich Dir dabei helfen.

Es grüßt Dich
Dein Franz

Von der Heilsnot- wendigkeit der Kirche

Sie bringt die frohe Botschaft für alle Völker

Liebe Kerstin!

Wir haben uns auf ein Gebiet begeben, das heiß umstritten ist: Welche Rolle hat die Kirche in der Welt gespielt, welche soll sie heute spielen? Die Christen der Urkirche versuchten zwar, dem römischen Kaiser und dem Reich zu dienen, aber sie wollten doch Gott mehr gehorchen als den Menschen, und so gerieten sie in blutige Verfolgungen. Im Jahre 313 gab Kaiser Konstantin der Kirche die Freiheit, und einer seiner Nachfolger, Theodosius, machte das Christentum zur Staatsreligion: Jetzt war die Kirche mächtig. Aber war das gut für sie? Im Mittelalter bildeten Reich und Kirche eine Einheit. Bei dem berühmten Kampf zwischen Papst und Kaiser erfocht die Kirche mehr Unabhängigkeit – aber sie verlor immer mehr an geistlicher Kraft und brach in der Reformationszeit auseinander. Zu allen Zeiten wird sie hin- und hergerissen. Sie lebt ja mitten in der Welt und kann sich nicht davonstehlen.

Im Gegenteil: Sie muß der Welt dienen: indem sie sich für die Würde der Menschen einsetzt, indem sie ihren Mitgliedern Mut macht, für andere Gutes zu tun, Gerechtigkeit und Frieden zu schaffen. Aber dabei wird die Kirche keine weltliche Einrichtung, schon gar nicht Dienerin des Staates. Ihr Endziel liegt ja jenseits dieser Welt ...

Aber die Kirche wirkt in der Welt – und so muß es sein. Jesus selber hat sie gesandt. Durch sie will er der Welt sein Heil bringen. Ja, sie ist der Weg des Heiles. Es gibt ja nur einen Heilsbringer: Jesus Christus – und deshalb lehrt unser Glaube, daß es auch nur diese eine Kirche gibt, die für alle Menschen Pforte des Heiles ist. Eine klare – und doch auch eine schwierige Sache. Sie bedeutet nämlich, daß unsere Kirche heilsnotwendig ist, schärfer formuliert: Außerhalb der Kirche gibt es kein Heil!

Das ist nun ein Satz, der schon viel Anstoß erregt hat. Tatsächlich ist er oft so verstanden worden, als würden alle, die nicht der katholischen Kirche angehören, verdammt. Das Zweite Vatikanische Konzil hat in den sechziger Jahren dieses Problem geklärt: Nur wer gegen seine eigene klare Erkenntnis nicht zur Kirche gehören will, schließt sich vom Heil aus. Heute kann man den anstößigen Satz, wie Du es in der Mathematik gelernt hast, in einem Umkehrschluß besser verstehen: Wenn es außerhalb der Kirche kein Heil gibt, dann ist also überall, wo es Heil gibt, auch Kirche! Also: Wo ein Nichtkatholik sich zu Jesus bekennt, wo ein Moslem an Gott glaubt, ja selbst wo einer, der nichts von Gott weiß, tastend das Gute zu tun sucht: Immer ist Gottes Gnade am Werk und damit schon irgendwie die Kirche da, verborgen, als Spurenelement sozusagen. Die eine Kirche ist zum Heil notwendig, dabei bleibt es, aber die Formen der Zugehörigkeit zu dieser Kirche sind so vielfältig, wie es die Menschen sind. Was für ein schöner Gedanke, liebe Kerstin: Die Kirche, Gottes Saat, ist schon überall in die Herzen der Menschen gesät, auch wenn sie es selber gar nicht ahnen!

Wir aber, die wir getauft sind und bewußt zu dieser Kirche gehören, sollen für die Fülle des Heiles dankbar sein, sollen mit dafür sorgen, daß es allen Menschen gebracht wird. Jesus hat die Kirche in die Welt gesandt, so wie er selber vom Vater gesandt worden war. Daraus erklärt sich der Gedanke der Mission. Alle Völker sollen ja von der frohen Botschaft erfaßt werden, und umgekehrt soll die Kirche durch die Begegnung mit den Völkern immer schöner werden in ihrer Vielfalt der Frömmigkeit und der Kultur. Sie soll eine weltweite Glaubenseinheit herstellen – und doch am Ort ihr eigenständiges Leben entfalten. Ein aufregendes Geschehen – und wir sind dabei, gestalten es selber mit. Die Kirche, das ist unsere Sache!

Mit herzlichen Grüßen
Dein Franz

Drei Lieblingsbilder

Die Kirche – Gottes Werk

Liebe Kerstin!

Herzlichen Dank für Deinen letzten Brief mit dem schönen Foto von Eurer Kirche. Sie sieht aus wie ein Zelt, und ich glaube, Euer Architekt hat sich dabei eine Menge gedacht. Ein Zelt bedeutet Vorläufigkeit. Man kann es abbrechen, um weiterzuziehen. Und wir sind das Volk Gottes, das unterwegs ist. Eine weiterziehende, eine pilgernde Kirche.

Das ist eines von den vielen Bildern, mit denen wir andeuten können, was unsere Kirche im Kern ist. Es gibt noch mehr davon, und drei meiner „Lieblingsbilder" möchte ich Dir heute ein bißchen schildern: Die Kirche ist das Volk Gottes, sie ist der Leib Christi, sie ist der Tempel des Heiligen Geistes. Alle drei Bilder haben einen Grundgedanken gemeinsam: Die Kirche wird nicht von uns gemacht. Sie ist Gottes Werk. Also:

Volk Gottes: Ich habe Dir kürzlich einmal erläutert, daß Gott uns nicht als einzelne in sein Heil ruft. Wo er wirkt, entsteht Gemeinschaft. Die Kirche entsteht nicht dadurch, daß sich Menschen zusammenschließen wie zu einem Verein. Sie ist vor uns da. Wir können in sie hineinwachsen und sie dann mittragen. Das wird schon im Alten Bund angedeutet, den Gott mit seinem Volk

Israel schließt: Er bildet dieses Volk, er ist ihm nahe. Ohne eigenes Verdienst gehören die Israeliten ihm an. Der Neue Bund greift viel weiter aus: Gott ruft alle Völker in seine Kirche. Es gilt nicht Rasse oder Herkunft. Man wird nicht durch Geburt Mitglied, sondern durch Glaube und Taufe. Wenn wir uns versammeln, ist das weit mehr als nur ein Zusammenkommen von Menschen. Gott selber ist in unserer Mitte. Wir hören auf ihn und danken ihm. Und dabei wachsen wir zusammen, sind wir alle Glieder, vom Papst in Rom bis zu uns beiden. Und unterwegs sind wir, wie das Volk Israel, dem Ewigen Heil entgegen. Immer wieder müssen wir neu aufbrechen.

Leib Christi: Dieses Bild drückt Gemeinschaft aus. Wir sind wie Glieder an einem Leib, gehören fest zusammen. Aber das Bild sagt noch mehr: Christus ist das Haupt, die Kirche ist ihm untergeordnet, von ihm her lebt sie. Diese Gemeinschaft wächst, wenn sein Wort verkündet wird und wenn wir miteinander die heilige Messe, die Eucharistie, feiern. Da empfangen wir nämlich alle Christus unter der Gestalt des Brotes und werden zu einem Leib zusammengefügt. Eins sein wie die Glieder eines Leibes – das bedeutet natürlich auch: Wir müssen in Liebe miteinander verbunden sein, müssen besonders die Armen und Verstoßenen als Glieder seines Leibes achten, auch die schuldig Gewordenen, die Sünder.

Tempel des Heiligen Geistes: Das heißt: In dieser Kirche wirkt der Geist Gottes. Er baut sie zur Einheit auf. Wir alle sind die lebendigen Steine, aus denen der Bau besteht. Der Geist hält die Kirche im Glauben zusammen. Er gibt ihr immer wieder neues Leben. Er ist ihre Seele. Er erfüllt ihre Glieder. Auf ganz unterschiedliche Weise tut er das. Manchen Menschen schenkt er hinreißendes Gott-Erleben, manchen gar Wunderkraft, manche „begeistert" er zu ganz ungewöhnlichen Taten der Liebe. Ebenso wirkt er durch diejenigen, die in der Kirche ein Amt verwalten als Bischöfe und Priester. Durch sie sorgt er vor allem dafür, daß alles Leben der Kirche in den Bahnen der Einheit bleibt, mag es auch noch so revolutionäre Aufbrüche geben. Beides ist Wirken des Heiligen Geistes: das Aufbrechen und das Zusammenhalten ...

Bei alledem aber ist das Wichtigste: Nicht wir „machen" die Kirche, nicht wir „organisieren" sie. Es ist der Geist Gottes, der in ihr wirkt. Und deshalb trägt sie uns, liebe Kerstin, obwohl sie aus schwachen Menschen besteht!

Es grüßt Dich herzlich
Dein Franz

Die Kennzeichen der Kirche

Einig – heilig – katholisch – apostolisch

Liebe Kerstin!

Deine Mutter interessiert sich als evangelische Christin dafür, was wir über die Kirche denken. „Euer Denken und Glauben geht auf Einheit, nicht auf Spaltung", hat sie mir geschrieben. Ich kann das nur unterstreichen, liebe Kerstin, und ich bin darüber ebenso froh wie Deine Mutter.

Tatsächlich hat Jesus ja auch nur eine einzige, in sich einige Kirche gewollt. Er hat gesagt: „Alle sollen eins sein, damit die Welt glaubt" (Johannes 17,21). Wie sollte es auch anders sein? Jesus, der eine Mittler, lebt in seiner Kirche fort. So kann es nach seinem Willen auch nur eine Kirche geben. Im Glauben sollen wir eins sein, in den Sakramenten und in der sichtbaren Gemeinschaft der Kirche, unter ihrer Leitung. Natürlich darf man diese Einheit nicht als langweiliges Einerlei verstehen. Die verschiedenen Völker sollen ja auf ihre Art den Glauben leben und ausdrücken. Nur muß es bei aller Vielfalt der eine Glaube bleiben.

Leider kam es jedoch von Anfang an zu Spaltungen. Schon in der Mitte des zweiten Jahrhunderts gab es rund 150 verschiedene christliche Sekten. Ost und West (Byzanz und Rom) lebten sich auseinander, und seit dem Jahre 1054 gehen die orthodoxen Kirchen ihren eigenen Weg. Zur Zeit Luthers und Calvins trat eine ebenso bittere Spaltung ein, die sogar Kriege zur Folge hatte.

Gott sei Dank streben die Christen heute in der „Ökumenischen Bewegung" zur vollen Einheit. Wir entdecken echtes Glaubensgut bei den Christen anderer Konfessionen. Wir hoffen auf die volle Gemeinschaft in der einen Kirche.

Ein neues Beten und Ringen um die Einheit, um ein tieferes Verstehen des Glaubens hat eingesetzt. Es wird manchmal gestört durch Leute, denen die Glaubensinhalte gleichgültig geworden sind, als sei es letzten Endes egal, was einer glaubt. Vereinigung durch Glaubensverlust? Das wäre falsch. Es geht ja um die eine Kirche Jesu. Die ist lebendig in unserer katholischen Kirche. Und sie ist offen für alles Gute, was sich in anderen Kirchen entwickelt hat. Die Einheit muß in der Wahrheit gefunden werden, nicht in faulen Kompromissen. Letzten Endes muß Gott sie uns schenken.

Die Spaltung, liebe Kerstin, ist nicht das einzige, was dem Ansehen der Kirche in der Welt schadet. Sie nennt sich ja die „heilige" Kirche – aber ist sie das? Gewiß nicht, weil wir alle Heilige wären. Aber wir sind Geheiligte, Gott hat uns aus der Welt in seine Nähe gerufen, obwohl wir Sünder sind. So wird die Kirche immer die Sünder in ihren eigenen Reihen dulden und doch uns alle aufrufen, die Heiligkeit Gottes in unser Leben umzusetzen, nach dem Beispiel der Heiligen, die das ganz vorbildlich getan haben. Jeder muß das in seinem Stand tun, die Eheleute zum Beispiel, oder die Ordensleute, die sich zum Weg der gottgeweihten Ehelosigkeit, zu Armut und Gehorsam verpflichtet haben.

Wenn wir unsere Kirche „katholisch" nennen, meinen wir damit nicht einen Gegensatz zu „evangelisch", sondern die ursprüngliche Bedeutung des Wortes: umfassend, weltweit. Das heißt: Sie verkündet den Glauben ganz, nicht nur ausschnittweise, und sie wendet sich an alle Völker und Kulturen.

Bei alledem kommt es darauf an, daß in unserer Kirche der Auftrag weiterlebt, den Jesus den Aposteln gegeben hat. Ihr Werk wird von den Bischöfen weitergetragen. Nur so ist sichergestellt, daß unsere Kirche auch heute noch die Kirche ist, die Jesus wollte. Die Überlieferung des Glaubens darf nicht unterbrochen oder verfälscht werden, und die Kette derer, die den Glauben überliefern, darf nicht abreißen. Unsere Kirche muß apostolisch sein.

Damit, liebe Kerstin, habe ich Dir die vier Kennzeichen der Kirche erklärt: einig, heilig, katholisch und apostolisch. Müssen wir nicht dankbar sein, daß unsere Kirche diese Eigenschaften bis heute bewahrt hat – aller menschlichen Schwäche zum Trotz? Daran kannst Du erkennen, daß der Heilige Geist sie lebendig erhält.

Es grüßt Dich herzlich
Dein Franz

Priester und Laien

Ein Amt in der Kirche bedeutet Dienen

Liebe Kerstin!

„

Laß Dir erzählen, was ich neulich mit drei alten Freunden erlebt habe. Wir sprachen über die Kirche, und ich merkte bald heraus: Die drei meinten mit diesem Wort immer nur den Papst und die Bischöfe. Ich hielt dagegen: Wir alle sind die Kirche, wir alle haben Anteil am Priestertum Christi! Da hättest Du sie mal erleben sollen! „Du bist nicht mehr richtig katholisch!" meinten sie. Aber in meinem Buch mit den Konzilstexten und in meinem Erwachsenenkatechismus war alles nachzulesen. Wir beide, liebe Kerstin, sind uns ja darin längst einig ...

Wie oft bringt die Bibel zum Ausdruck, daß wir alle die Kirche bilden! Im 1. Petrusbrief werden wir als „lebendige Steine" bezeichnet, aus denen das Haus Gottes erbaut wird, als „auserwähltes Geschlecht und königliches Priestertum". Wir tragen Verantwortung für unsere Kirche, wir sind die „Laien" in ihr.

Das freilich ist ein oft falsch verstandener Ausdruck. Er bedeutet in der Kirche nämlich etwas anders als „Amateur" oder „Nicht-Fachmann", er kommt vielmehr vom griechischen Wort „laos" = das Volk und ist eigentlich ein Ehrentitel: Laie ist einer, der durch die Taufe Glied der Kirche geworden ist. Das Konzil hat unseren Auftrag als Laien in der Welt stark betont: In Ehe und Familie, am Arbeitsplatz, in der Wissenschaft, in der Kultur, in der Wirtschaft und der Politik: Überall sollen wir unseren Glauben leben und sichtbar machen. Und selbstverständlich sollen wir in der Kirche mitarbeiten, in der Jugendarbeit zum Beispiel, in der Sorge für Arme und Kranke, bei der Gottesdienstgestaltung, im Pfarrgemeinderat. Überdies gibt es heute eine ganze Anzahl von Berufen in der Kirche. „Laie" zu sein ist also eine höchst vielseitige Sache.

Und doch hatten meine drei Freunde auch ein bißchen recht: Es gehört zum Wesen unserer Kirche, daß sie von Bischöfen und Priestern geleitet wird. Auch das alte Amt des Diakons wird seit dem Konzil wieder als Lebensaufgabe ausgeübt. Von Anfang an gab es so etwas in der Kirche. Als die ersten Gemeinden entstanden, bildeten sich sofort auch Ämter in ihnen heraus. Ignatius von Antiochien, ein Bischof der Urkirche, nennt schon um das Jahr 110 alle drei: Bischöfe, Priester, Diakone.

Schon in der Urkirche war klar, daß auf diese Weise ein Auftrag Jesu weitergeführt wurde. Er hatte ja einige von seinen Jüngern zu besonderem Dienst bestimmt. Zu den Aposteln hatte er gesagt: „Wer euch hört, hört mich!" (Lukas 10,16). So üben Bischöfe, Priester und Diakone in seinem Namen, in seiner Person ihr Amt aus. Ihre Amtsgewalt kommt nicht – wie in einer Demokratie – aus der Gemeinde, sondern von Christus – was natürlich nicht heißt, daß wir nicht in demokratischen Formen miteinander umgehen können, besser noch: in brüderlichen Formen. Aber maßgebend in der Kirche ist nicht die Mehrheit, sondern das Wort Gottes, das von Berufenen verkündet wird.

Die Ämter in der Kirche sind von Christus nicht als „Machtpositionen" gestiftet worden. Er selbst war ja der Diener aller, und so müssen die Ämter in der Kirche als Dienst am anderen verstanden werden. Die Priester üben ihr Amt unter der Leitung des Bischofs aus, die Bischöfe selber bilden ein großes Kollegium zusammen mit dem Bischof von Rom, der die erste Stelle einnimmt. Auch sein Amt ist als Dienst gemeint, er selber nennt sich „Knecht der Knechte Gottes".

So haben wir in der Kirche zwar alle Anteil am „allgemeinen Priestertum", doch unterscheidet sich das „Priestertum des Dienstes" davon ganz wesentlich. Aber es ist nicht für sich selber, sondern für die Gemeinde da. Ich finde: Gerade in den letzten Jahren ist ein gutes Miteinander von Priestern und Laien gewachsen. Das ist einer der Gründe, warum es mir gerade heute Freude macht, Glied der Kirche zu sein. Geht es Dir auch so?

Herzliche Grüße

Dein Franz

Das Amt
des Papstes

War Petrus ein „Fels"?

Liebe Kerstin!

„ Interessant, was Du da aus der Schule erzählst: Ihr habt über die vielen Reisen des Papstes diskutiert, und ausgerechnet die Evangelischen in Eurer Klasse fanden diese Reisen gut. Das ist typisch! Die Zeiten, als Protestanten den Papst als „Antichrist" bezeichneten, sind längst vorbei – und auf der anderen Seite haben wir Katholiken gelernt, daß beim Papstamt auch Kritik erlaubt ist. Beides wäre vor einigen Jahrzehnten noch nicht möglich gewesen. Natürlich wollen die Evangelischen damit noch lange nicht den Bischof von Rom als Oberhaupt der Kirche anerkennen, auch die Orthodoxen haben Vorbehalte gegen die oberste Befehlsgewalt des Papstes. Aber ich habe das Gefühl, daß sie zuweilen dankbar sind für dieses Amt, das die Einheit der Kirche verkörpert. Was sagt die Bibel dazu?

Petrus tritt im Neuen Testament immer wieder als Erster der Apostel in Erscheinung. Er spricht für die anderen. Mit ihm muß man zusammengehen, wenn man die Kirche aufbauen will – das hat sogar Paulus bezeugt, obwohl er sich mit Petrus auch heftig gestritten hat.

Jesus selber hat Simon-Petrus den neuen Namen gegeben: „Fels" sollte er heißen, obwohl er doch ein schwacher Mensch war, er hat ja Jesus dreimal verleugnet. Offensichtlich hat Jesus mit diesem Namen nicht den Charakter des Petrus gemeint, sondern das Amt, das ihm übertragen werden sollte. Im Mat-

„Gemeinschaft der Heiligen"

Sein Wort baut die Kirche auf

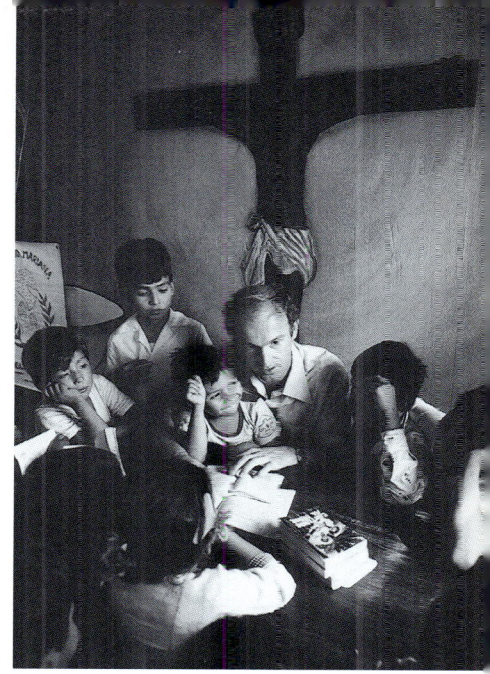

Liebe Kerstin!

In unserer Pfarrei haben einige Leute einen kostbaren Buchdeckel für das Lektionar gestiftet, aus dem sonntags die Lesungen und das Evangelium vorgelesen werden. Als das Buch zu Pfingsten feierlich hereingetragen wurde, fiel mir auf: Man hat den Deckel ganz ähnlich gestaltet wie die Türen des Tabernakels: Jesus ist doppelt gegenwärtig, in seinem Wort und in seinem Sakrament. Ich war begeistert: Wir sind vereint durch die heilige Gegenwart des Herrn, durch all das Heilige, das er uns schenkt, wir sind eine „Gemeinschaft im Heiligen" sozusagen. Gott heiligt uns alle, über die Grenzen dieser Welt hinaus, auch die Heiligen des Himmels und die Verstorbenen im Läuterungszustand gehören dazu. Aus seiner Gnade wächst das, was im Glaubensbekenntnis „Gemeinschaft der Heiligen" genannt wird.

Voller Freude wurde mir bewußt: Sein Wort ist mächtig wirksam. Mit Recht vergleicht es der Prophet Jesaja mit dem Regen, der alles zum Wachsen und Blühen bringt!

Das „Wort" steht heute bei vielen nicht hoch im Kurs. „Wir wollen nicht Worte, sondern Taten", sagen sie. Aber sie irren sich. Ist nicht manchmal ein gutes Wort die größte Tat, die man sich denken kann? Entscheidet nicht manchmal ein Wort über ein ganzes Leben, das Wort eines Richters, das Jawort vor dem Traualtar? Wieviel mehr gilt dies, wenn Gott sein Wort an uns richtet!

Genau genommen ist ja Jesus selber das Wort des Vaters. Er ist das Wort, das Fleisch geworden ist. Gottes Wort und Gottes Tat: Das ist ein und dasselbe.

So kommt Christus zu den Menschen, wenn sein Wort verkündet wird. Die Kirche entsteht aus dieser Verkündigung, und sie verkündet selber weiter. Der Herr hat sie dazu gesandt. Sie soll sein Wort überallhin tragen. Sie soll die Menschen in ihren Sorgen damit erreichen, soll dafür alle Möglichkeiten bis hin zu Fernsehen und Presse nützen. Sie soll auch darüber wachen, daß es ohne Verfälschung verkündet wird.

Dafür sind an erster Stelle die Bischöfe verantwortlich. Wenn sie einmütig, mit dem Papst an der Spitze, den Glauben verbindlich formulieren, schützt Gott sie vor Irrtum, dann ist ihr Lehramt „unfehlbar" – egal, ob sie das verstreut über die ganze Welt hin tun oder vereint bei einem Konzil. Daß der Papst als Nachfolger des heiligen Petrus diese Wahrheitsgarantie auch allein besitzt, habe ich Dir schon erklärt. Natürlich bezieht sie sich nur auf Fragen des Glaubens und der Gebote, nicht auf Naturwissenschaft oder Politik. Und natürlich ist dies eine „Unfehlbarkeit" unter dem Wort Gottes, nicht über ihm. Die Bischöfe sind Werkzeuge Gottes, er und sein Wort allein sind von sich aus unfehlbar. (Darf ich noch anmerken, daß das Wort „unfehlbar" sich nicht auf die Lebensführung bezieht, sondern nur auf die Wahrheit der Lehre?)

Diese „Unfehlbarkeit" ist eine letzte Sicherheitsgarantie für die Richtigkeit der Glaubenslehre, für die wir dankbar sein sollten. Aber Gewicht hat das Wort unserer Bischöfe auch sonst, wenn sie es nicht mit feierlichem Anspruch und letzter Verpflichtung vortragen und eine Diskussion über ihre Lehre erlaubt ist. Sie sind für uns die Lehrer der Kirche. Sie schöpfen aus dem Wort Gottes. Es ist für sie die verbindliche Richtschnur. Und sie wirken dabei mit den Theologen zusammen, die den Glauben wissenschaftlich durchdringen, ebenso mit den Priestern, die durch ihre Weihe zur Verkündigung berufen sind, ja mit uns allen, wenn wir die Fragen der Zeit an sie herantragen und das Wort Gottes in das Leben unserer Zeit umzusetzen versuchen. Das Wort Gottes ist also die Lebenskraft, das Heilige, das uns anvertraut ist. Durch sein Wort sind wir „Gemeinschaft *im* Heiligen", daraus sollen wir geheiligt werden, als „Gemeinschaft *der* Heiligen" zusammenwachsen. Ähnliches kann man auch von den Sakramenten sagen. Davon will ich Dir das nächste Mal schreiben.

Für heute sei herzlich gegrüßt von Deinem Franz

Die Sakramente

Gottes Liebe wird handgreiflich

Liebe Kerstin!

Manches im Leben kann durch ein Zeichen viel wirksamer ausgedrückt werden als durch Worte: Ein Handschlag bedeutet Freundschaft, ein Kuß bedeutet Liebe, die gelbe Karte eines Schiedsrichters bedeutet Tadel, Blumen vor der Muttergottes bedeuten Verehrung. Solche Zeichen verstehen wir sofort. Sie sprechen auch noch, wenn es um Dinge geht, die man gar nicht mehr erklären kann. Deshalb wird uns auch Gottes Heil in Zeichen zugesagt.

Tritt zum Zeichen noch das deutende Wort hinzu, wird die Sache erst ganz eindeutig. Ein Handschlag mit dem Wort „Abgemacht" kann bedeuten, daß ein ganzer Bauernhof oder ein großes Schiff verkauft worden ist. Wenn Gott durch die Kirche Großes bewirken will, tut er dies durch Zeichen und Wort, das ist dann ein Sakrament. Jesus selber ist, wie ich Dir schon erklärt habe, das Wort Gottes an die Welt. Man kann aber genausogut sagen: Er ist Gottes Zeichen, durch ihn macht der Vater sich sichtbar für uns. Wort und Zeichen: So ist Christus das eigentliche Sakrament, und die sieben Sakramente der Kirche kommen von ihm her.

Es sind sieben heilige Zeichen, zu denen jeweils das Wort hinzutritt, zum Beispiel: die Taufe: Zeichen ist das Übergießen mit Wasser, dazu kommt das Wort des Priesters „Ich taufe dich ..."

An die wichtigsten Stationen unseres Lebens sind diese Sakramente gestellt: Taufe am Anfang; Firmung, wenn erste große Lebensentscheidungen auf uns zukommen; Ehe, wenn wir den Bund fürs Leben schließen; Weihe, wenn einer als Priester in den Dienst Gottes genommen wird. Diese vier können deshalb nur einmal empfangen werden (die Ehe, solange der Partner lebt) – sie versetzen den Menschen ja vor Gott in einen Stand, der nicht mehr rückgängig gemacht werden kann. Die anderen kann man immer wieder empfangen: In der Eucharistie wird das Mahl-Halten zum Sinnbild. Bei der Buße greift das Sakrament eine menschliche Krisensituation auf: die Schuld; bei der Krankensalbung ebenfalls: die Krankheit. Jedesmal will Christus uns durch die Sakramente in sein göttliches Leben hineinziehen, er will uns begegnen. Sie bezeichnen also nicht nur die Gnade, sondern bewirken sie auch, sooft das heilige Zeichen vollzogen wird. Wir sollen uns dabei innerlich für die Liebe Gottes öffnen, damit sein Heil zur Wirkung kommen kann. Von Christus also kommen die Sakramente her. Bei der heiligen Eucharistie wissen wir dabei genau die Worte, mit denen er das Sakrament eingesetzt hat, auch bei der Taufe. Andere Sakramente haben sich als solche erst langsam aus dem heiligen Tun heraus entwickelt, das Jesus seiner Kirche übertragen hatte. Auch sie kommen vom Herrn her, so daß der Satz gilt: Alle sieben Sakramente sind von Jesus Christus eingesetzt. Die Kirche kann die Art und Weise ihrer Spendung ändern, aber keines hinzufügen oder streichen.

Sakramente sind Gottesdienst der Kirche, sie bringen unsere Gemeinschaft im Volk Gottes zum Ausdruck und bewirken oder stärken sie. Deshalb sollen sie auch nicht „privat" gefeiert werden, sondern in der Gemeinde. Sie vollziehen sich immer zwischen Spender und Empfänger, sind also ein „Miteinander" in der Kirche, werden nur in ihrem Auftrag und in ihrer Vollmacht gespendet.

Die Orthodoxen haben mit uns die sieben Sakramente gemeinsam, die evangelischen Christen nennen als Sakramente nur Taufe und Abendmahl, manchmal auch die Buße. Aber sie betrachten manches als „Segenshandlung", was wir „Sakrament" nennen. Ich glaube, daß da noch mehr Gemeinsamkeit zu entdecken ist, als es zur Zeit scheint, denn was ist ein Sakrament anderes als eine „Segenshandlung" im vollen Sinn des Wortes?

Die Sakramente sind ein großer Schatz. Sie machen uns die Liebe Gottes handgreiflich, und darauf kommt es an.

Es grüßt Dich
Dein Franz

Gottes Wort

☞ ist mächtig. Es wirkt unser Heil. Es baut die Kirche auf.

☞ wird von der Kirche verkündet: Wenn die Bischöfe einmütig und verbindlich eine Glaubenslehre vorlegen, schützt Gott sie vor Irrtum.

☞ soll von uns allen in das Leben unserer Zeit umgesetzt werden

Martin Luther King (1929 – 1968), der große Vorkämpfer für die Rechte der Schwarzen in den USA, hat sein Tun vor allem als wirksame Verkündigung des Gotteswortes verstanden:

Ich will, daß ihr an meiner Bahre sagt, daß ich ein Trommler war für Gerechtigkeit, für Gottes Wort; daß ich den Hungrigen, den Gefangenen, den Leidtragenden helfen wollte.

Wenn ich einem von euch, meinen Brüdern, den Weg zur Erlösung gezeigt habe, wenn ich das Wort des Herrn verbreitete, dann war mein Leben nicht umsonst.

Jesaja 55,10 – 11:
Gott spricht: Denn wie der Regen und der Schnee vom Himmel fällt und nicht dorthin zurückkehrt, sondern die Erde tränkt und sie zum Keimen und Sprossen bringt, wie er dem Sämann Samen gibt und Brot zum Essen, so ist es auch mit dem Wort, das meinen Mund verläßt: Es kehrt nicht leer zu mir zurück, sondern bewirkt, was ich will, und erreicht all das, wozu ich es ausgesandt habe.

Die Sakramente

☞ Die Sakramente sind wirksame Zeichen der Liebe Gottes: In ihnen macht Gott deutlich, wie er für uns da ist!

☞ Sie sind von Christus eingesetzt und der Kirche anvertraut

☞ Sie sind an die wichtigsten Stationen unseres Lebens gestellt.

☞ Sie machen Christi Heilstat gegenwärtig: sein Kreuz und seine Auferstehung.

☞ Sie bringen uns Gottes Heil, wenn wir uns der Liebe Gottes öffnen.

☞ Die Sakramente sind: Taufe, Firmung, Eucharistie, Buße, Krankensalbung, Priesterweihe, Ehe.

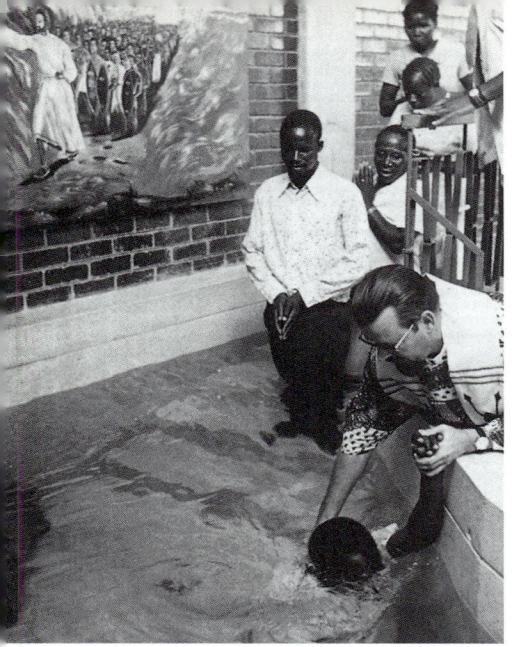

Die Taufe

Durchs Wasser ins neue Leben

Liebe Kerstin!

In der vergangenen Woche hat in unserer Gemeinde ein Missionar aus Zimbabwe Dias von einer Tauffeier gezeigt, von der ich Dir unbedingt erzählen muß. Da stehen die jungen Afrikaner, die schon Wochen hindurch vorbereitet worden sind, in einer Kirche in Bulawayo um das Taufbecken herum, das so groß ist wie ein kleiner Swimmingpool. Sie steigen, in leichte Kleidung gehüllt, die Stufen hinunter in das Wasser. Der Priester taucht sie dreimal unter und ruft: „Ich taufe dich im Namen des Vaters und des Sohnes und des Heiligen Geistes!" Auf der anderen Seite des Beckens steigen sie heraus, gehen in die Sakristei und kommen, mit weißen Gewändern bekleidet, in das Gotteshaus zurück. Die Menge empfängt sie mit ohrenbetäubendem Jubel, Trommeln und Marimbaphone erklingen …

Mir ist bei diesen Bildern etliches ganz neu bewußt geworden. Man hat die jungen Leute lange vorbereitet: Die Taufe ist Sakrament des Glaubens. Wenn bei uns Kleinkinder getauft werden, geschieht das auf den Glauben der Eltern und Paten hin. Sie tragen hohe Verantwortung: Aus der Taufe heraus soll sich ja später der Glaube des Kindes entwickeln, dazu die Hoffnung auf Gott und die Liebe. Für die jungen Afrikaner war sie Zeichen der Bekehrung zu Christus, man konnte es ihren ernsten und zugleich frohen Gesichtern ansehen. Für uns ist die Tatsache, daß wir getauft sind, ebenfalls Anlaß, uns immer aufs neue zu bekehren. Deshalb erneuern wir in der Osternacht unser Taufbekenntnis …

Leben: Das ist das Stichwort. Sie stiegen hinab in das Becken wie Christus in seinen Tod, und sie stiegen wieder hinauf in seine Auferstehung. Das ist die Taufe: Der alte Mensch stirbt, wir werden aus der Gefangenschaft der Erbsünde und jeder persönlichen Sünde befreit. Der neue Mensch ersteht zum Leben, wir werden aus Gott neu geboren. Das Wasser stellt beides dar: Es reinigt und es schenkt Leben.

Der Jubel der Leute: Sie hatten begriffen, daß die Taufe der jungen Männer sie alle angeht. Durch die Taufe tritt man ein in die Kirche. Das war schon von Anfang an so. Als Petrus am Pfingstfest von den Neubekehrten gefragt wurde, was sie tun sollten, antwortete er: „Kehrt um, und jeder von euch lasse sich auf den Namen Jesu Christi taufen!" (Apostelgeschichte 2,38) Am Ende des Matthäusevangeliums kannst Du nachlesen, wie Jesus den Taufbefehl gegeben hat. Nur wer getauft wird, wird gerettet, heißt es am Ende des Markusevangeliums – was natürlich voraussetzt, daß einer die Möglichkeit hat, die Taufe zu empfangen. Wer nichts davon weiß oder verstanden hat, aber nach seinem Gewissen lebt, dem wird Gott dies als Taufe anrechnen.

Das Sakrament der Taufe ist die Grundlage des Heiles. Es ist so wichtig, daß es im Notfall jeder, sogar ein Ungetaufter, spenden kann. Und selbstverständlich ist die Taufe der Orthodoxen, der Anglikaner und fast aller protestantischen Kirchen gültig. Vor allem aber ist die Taufe ein Geschenk. Das wird besonders deutlich durch die Säuglingstaufe, die es seit den frühesten Zeiten der Christenheit gibt: Der Mensch empfängt sie, er kann nur die Hände aufhalten für Gottes Heil, nichts selber bewirken.

Deshalb finde ich es auch nicht gut, wenn manche Eltern mit der Taufe warten, bis ihre Kinder groß sind und „alles verstehen". Ist es nicht viel schöner, wenn ein Kind aus der Gnade der Taufe heraus langsam in den Glauben hineinwächst? Jesus sagt zu den Erwachsenen: „Wer das Reich Gottes nicht so annimmt wie ein Kind, der wird nicht hineinkommen" (Markus 10,15). Er nimmt die Kinder von Anfang an als Menschen ernst. Wir tun dasselbe, wenn wir ihnen die Taufe geben. Wie bei vielen anderen Dingen fällen hier die Eltern eine wichtige Entscheidung für das Kind. Eltern, Paten und Gemeinde nehmen so eine große Verantwortung auf sich. Deshalb müssen wir alle immer wieder unser Taufbekenntnis erneuern.

Ich finde: Wir sollten viel öfter bedenken, was uns in der Taufe geschenkt worden ist: die Würde der Gotteskindschaft, die Teilnahme am Priestertum Christi ...

Herzlich grüßt Dich, liebe Kerstin, Dein Taufpate Franz

Die Firmung

Unser Ja zu Christus wird endgültig

Liebe Kerstin!

Fast hatte ich das erwartet: Auf meinen „Taufbrief" hin hast Du mir einen „Firmbrief" geschickt und von den Erlebnissen bei der Firmvorbereitung erzählt. Ich finde dies alles sehr schön. Ihr erlebt die Firmung heutzutage viel intensiver als wir damals, und das ist gut so. Ich will Dir gern schreiben, was mich zu dieser Ansicht geführt hat. Das Sakrament der Firmung hat ja eine sehr wechselhafte Geschichte hinter sich. Seine Wurzeln kann man schon im Neuen Testament erkennen. Die Apostelgeschichte berichtet uns von der Gemeinde in Samaria, wo die Leute schon getauft sind, aber dennoch die Apostel um den Heiligen Geist bitten. Da heißt es dann: „Dann legten sie ihnen die Hände auf und sie empfingen den Heiligen Geist" (8,14–17).

Da werden die Menschen also inniger mit den Aposteln und mit der Gesamtkirche verbunden, und es wird ihnen in besonderer Weise der heilige Geist geschenkt. So versteht die Kirche die Firmung. Wir werden in neuer Weise von der Kirche in Pflicht genommen, wachsen stärker in sie hinein. Zugleich wird die Taufe vollendet. Auch die Firmung ist Gabe des Heiligen Geistes, oder anders ausgedrückt: In der Firmung wird uns der Heilige Geist auf neue Weise zuteil, und zwar unauslöschlich. Ein Gefirmter bleibt immer ein Gefirmter, seiner Seele ist ein Siegel Gottes eingedrückt worden, das nicht wieder verschwinden kann. Deshalb kann man auch die Firmung nicht wiederholen.

Soweit besteht über die Firmung Einigkeit. Die Art und Weise, wie sie gespendet wird, war im Lauf der Jahrhunderte starkem Wandel unterworfen. In der Ostkirche hat man die Salbung, die damit verbunden ist, als Hauptsache angesehen, im Westen stellte man die Handauflegung in den Vordergrund. In der orthodoxen Kirche wird die Verbindung mit der Taufe stark betont: Dort spendet man die Firmung sofort nach der Taufe – was bei uns nur üblich ist, wenn ein Erwachsener in die Kirche aufgenommen wird.

Du bist mit vierzehn Jahren gefirmt worden – und das finde ich sehr gut, denn das ist das Alter, in dem man anfängt, seine Lebensentscheidungen zu treffen und endgültig Ja zu Christus und der Kirche zu sagen. Aber Du siehst: Sakramente können sich wandeln in der Form ihrer Spendung. Heute ist die Firmung eine sehr schlichte Zeremonie: Der Bischof hat Dir die Hand aufgelegt und Deine Stirn mit Chrisam gesalbt. Dabei hat er die Worte gesagt: „Kerstin Maria, sei besiegelt durch die Gabe Gottes, den Heiligen Geist."

Handauflegung und Salbung: Das bedeutet, daß Verantwortung übertragen und Gottes Kraft geschenkt wird. Du bist viel stärker als vorher in die Nachfolge Christi gerufen. Du sollst Dein Leben aus ihm heraus gestalten, sollst mithelfen am Aufbau des Gottesreiches. Daß zumeist der Bischof die Firmung spendet, macht gerade dies deutlich: Die Kirche ruft Euch! Deshalb finde ich es gut, daß Ihr mit der ganzen Gemeinde Eure Firmvorbereitung gemacht habt und jetzt weiter in der Jugendgruppe zusammenarbeitet. So ist nämlich die Firmung gemeint!

Oft beauftragt der Bischof einen Priester, die Firmung zu spenden, zum Beispiel, wenn jemand in die katholische Kirche aufgenommen wird. Jeder Priester kann firmen, wenn ein noch nicht Gefirmter in Lebensgefahr gerät. Damit unterstreicht die Kirche die Tatsache, daß die Firmung ein notwendiges Sakrament ist, nicht etwas rein Zusätzliches, auf das man auch verzichten könnte. Ihr Sinn ist ja: eins werden mit Christus im Heiligen Geist durch die immer festere Gemeinschaft in der Kirche. Ich wünsche Dir von Herzen, liebe Kerstin, daß die Gaben des Heiligen Geistes aus der Firmung immer in Dir lebendig bleiben. Gefirmt zu sein – das schenkt uns ein frohes Bewußtsein: In Gott bin ich gefestigt, da mag kommen, was will!

Es grüßt Dich herzlich
Dein Tauf- und Firmpate Franz

Die Taufe

☞ Die Taufe macht uns zu Söhnen und Töchtern Gottes.

☞ Die Taufe befreit uns von aller Dunkelheit, Gottesferne und Sinnlosigkeit der Welt, in die wir hineingeboren werden. Sie tilgt auch jede persönliche Schuld.

☞ Die Taufe erfüllt uns mit dem Heiligen Geist. Wir tauchen auf zu neuem Leben.

☞ Die Taufe gliedert uns in die Kirche ein und macht uns zu Zeugen Christi.

☞ Mit der Taufe fängt unser Leben in Christus an. Auf ihr bauen alle anderen Sakramente auf.

Taufformel:

Kerstin, ich taufe dich im Namen des Vaters und des Sohnes und des Heiligen Geistes.

Die Firmung

☞ vollendet die Taufe.

☞ schenkt uns auf neue Weise den Heiligen Geist.

☞ ruft uns neu in die Entscheidung für Christus.

☞ überträgt uns Verantwortung für uns selbst, für unseren Dienst in der Kirche und in der Welt. Sie rüstet uns mit der Kraft aus, die wir dazu brauchen.

Firmformel:

Kerstin Maria, sei besiegelt durch die Gabe Gottes, den Heiligen Geist.

Was mein Pate mir zur Firmung schrieb:

Liebe Kerstin Maria, Gott ruft Dich. Du sollst Dein Leben aufbauen, tüchtig werden, anderen dienen. Das Leben ist ein großes Abenteuer. Du kannst es bestehen. Der Heilige Geist schenkt Dir die Kraft dazu und jeden Tag neuen Mut. Aber Du mußt in seiner Kraft auch selber Großes wagen. Das Größte ist die Liebe. Gott setzt auf Dich.

Taufe

wir möchten nicht
daß unser kind
mit allen wassern gewaschen wird
wir möchten daß es
mit dem wasser der gerechtigkeit-
mit dem wasser der barmherzigkeit
mit dem wasser der liebe und des
friedens reingewaschen wird
wir möchten

daß unser kind
mit dem wasser
christlichen geistes
gewaschen
übergossen
beeinflußt
getauft
wird

Wilhelm Willms

Die heilige Messe I

Grundstimmung: Vorfreude und Dank

Liebe Kerstin!

Du kannst Dir gar nicht vorstellen, was es für mich und viele andere für eine große Freude war, als wir zum ersten Mal die heilige Messe in deutscher Sprache mitfeiern konnten und der Priester uns nicht mehr den Rücken zuwandte, sondern mit uns eine Gemeinschaft um den Altar herum bildete. Seit jenen Tagen ist mir immer mehr bewußt geworden, daß die heilige Messe ein kostbares Geschenk ist. Gewiß, wir haben den sonntäglichen Kirchgang manchmal als Zwang empfunden. Aber später habe ich mir gesagt: Wenn einer mich zur Hochzeit einlädt, dann „muß" ich ja auch hingehen, und trotzdem freue ich mich darauf. Wer feiert nicht gern ein Fest? Mir ging auf: Genau darum geht es in der Eucharistiefeier: Ein Fest wird gefeiert, ein Hochzeitsmahl, das ist die Messe!

Jesus hat oft mit den Menschen Mahl gehalten, es war für ihn Zeichen für das himmlische Hochzeitsmahl, zu dem am Ende alle vereint sein werden – so wie es schon die Propheten seit Langem angekündigt hatten. Er will mit uns Mahl halten, wir sollen dabei die ewige Freude ahnen, in die Gott uns am Ende rufen will.

So legt er auch sein heiligstes Vermächtnis in eine Mahlfeier. Am Abend vor seinem Leiden, feiert er – wie das alle Israeliten zur Erinnerung an die Rettung aus Ägypten taten – das Passahmahl. Und dabei nimmt er Brot in seine Hände, dankt dem Vater und sagt zu den Jüngern: „Nehmt und eßt alle davon, das ist mein Leib, der für euch hingegeben wird". Ein zweites Mal unterbricht er die traditionelle Mahlfeier, nimmt den Kelch mit Wein und sagt: „Nehmt und trinkt alle daraus, das ist mein Blut, das für euch vergossen wird" (vgl. Lukas 22,19 und Matthäus 26,28).

Der Leib, der hingegeben, das Blut, das vergossen wird. Mit diesen Worten hat der Herr seinen Tod am Kreuz für uns alle schon vorher in diese geheimnisvolle Mahlfeier hineingelegt. Zugleich hat er bei diesem Mahl von der anbrechenden Gottesherrschaft gesprochen: „Von jetzt an werde ich nicht mehr von der Frucht des Weinstocks trinken, bis zu dem Tag, an dem ich mit euch von neuem davon trinke im Reich meines Vaters" (Matthäus 26,29). So bekam das Abendmahl von Anfang an eine Ausrichtung auf die Zukunft. Als Jesus dann nach seiner Auferstehung wieder mit den Jüngern Mahl hielt, als er sich beim Brotbrechen zu erkennen gab, wurde für sie immer deutlicher: Mit Jesus Mahl halten, das bedeutet: Gottes Herrlichkeit erwarten, ja schon jetzt daran teilhaben. Vorfreude und Erwartung seines Reiches: Das ist die Grundstimmung der heiligen Messe.

Das Kreuzesopfer wird Gegenwart, das kommende Gottesreich wird vorweggenommen: So feiern wir unsere Befreiung aus der Macht des Todes und der Sünde. So wird der Vater im Himmel verherrlicht. Durch Christus, den Hingeopferten, bringen wir ihm Lob und Dank für alle Gaben der Schöpfung und der Erlösung. Die heilige Messe ist darum ein Lobopfer, sie ist die große Danksagung der Kirche, und ich freue mich darüber, daß sich mehr und mehr der Ausdruck „Eucharistiefeier" einbürgert, der ja nichts anderes bedeutet als „Danksagung".

Ein Fest der Vorfreude und des Dankes – das ist die Messe. Dazu paßt festliche Gestaltung: Gewänder, Musik, Blumen, zuweilen auch die feierliche lateinische Sprache. Deshalb sollt Ihr Jugendlichen auch so feiern, daß sie Euer Fest ist: mit Euren Instrumenten, Texten und Liedern.

Manche betrachten die Messe als bloße „Pflicht". Ob sie den Sinn für das richtige Feiern verloren haben? Ich fasse das Sonntagsgebot der Kirche auf wie eine Fest-Einladung: Es ist selbstverständlich, daß man hingeht: Keine Einladung zeugt von mehr Liebe, keine ist eine größere Ehre, keine darum eine stärkere Verpflichtung.

Es grüßt Dich herzlich
Dein Franz

Die heilige Messe II

Der Herr wird unter uns gegenwärtig

Liebe Kerstin!

Ich danke Dir sehr dafür, daß Du meinen letzten Brief mit Freude aufgenommen und daß Du mir als Antwort vom letzten Gründonnerstag in Eurer Gemeinde erzählt hast. Am meisten hat Dich beeindruckt, daß der Priester bei der Wandlung die Worte eingefügt hat: „Das ist heute!" Mich ergreift das auch jedes Jahr aufs neue. Man spürt förmlich, wie jene Szene im Abendmahlssaal Gegenwart wird. Wie der Herr wieder mitten unter uns ist, er, der Gekreuzigte und Auferstandene. Hast Du schon einmal darüber nachgedacht, daß der Priester diese Formulierung bei jeder Eucharistiefeier gebrauchen könnte? Alles wird ja wieder Gegenwart: das Abendmahl, der Kreuzestod (Jesus spricht vom Leib, der hingegeben, vom Blut, das vergossen wird), auch seine Auferstehung, ja sein ganzes Heilswirken. Im Gebet nach der Wandlung wird das großartig zusammengefaßt:

Deinen Tod, o Herr, verkünden wir
und deine Auferstehung preisen wir,
bist du kommst in Herrlichkeit!

Der Herr selber wird gegenwärtig. Wenn der Priester den Einsetzungsbericht gesprochen und Jesu eigene Worte gesagt hat: Das ist mein Leib, das ist mein Blut – dann ist auf dem Altar unter den Gestalten von Brot und Wein der Herr selber gegenwärtig, wahrhaft und wirklich. Und solange diese Gestalten vorhanden sind, bleibt er zugegen. Deshalb werden die übriggebliebenen Hostien sorgfältig im Tabernakel aufbewahrt und dort verehrt. Die rote Lampe des Ewigen Lichtes zeigt an: Hier ist Christus im Sakrament gegenwärtig. Hier kann er angebetet werden. Von hier aus kann er zu den Kranken gebracht werden. Von hier aus tragen wir ihn am Fronleichnamsfest in feierlicher Prozession durch die Straßen.

„Der Leib, der hingegeben wird": So wird das Kreuzesopfer Gegenwart, also ist die heilige Messe ein wirkliches Opfer. Wir selber geben uns mit hinein und können das tun, weil wir geheimnisvoll mit ihm verbunden sind, als Glieder seines Leibes. Darum ist die heilige Messe auch ein Opfer der Kirche, ihr höchster Gottesdienst, in dessen Geschehen alle Glieder, auch die längst verstorbenen, einbezogen sind. So können wir die Eucharistie auch als Fürbitte für die Verstorbenen feiern oder zur Ehre der Heiligen oder als Sühneopfer für unsere eigenen Sünden. Es bleibt dabei immer das eine, einzige Opfer des Herrn am Kreuz, das immer wieder Gegenwart wird, sooft ein Priester das Wort des Herrn befolgt: „Tut dies zu meinem Gedächtnis!"

Über diese beiden wichtigen Punkte – die Gegenwart des Herrn im Sakrament und die Messe als Opfer – hat es im Laufe der Geschichte viele Auseinandersetzungen gegeben. Der Reformator Huldrych Zwingli wollte Jesu Gegenwart nur sinnbildlich verstehen. Jean Calvin betonte: Jesus bleibt zur Rechten Gottes, beim Abendmahl wird durch den Heiligen Geist den Gläubigen eine „Verbindung" mit ihm gegeben. Martin Luther glaubte an die Gegenwart Christi nur während der eucharistischen Feier – deshalb gibt es in den lutherischen Kirchen keine Tabernakel. Umgekehrt waren manche mit dem unbegreiflichen Geheimnis der Gegenwart Christi nicht zufrieden und meinten, Jesus sei in der gleichen Weise anwesend wie damals im Land und Volk Israel. Die katholische Kirche hat immer daran festgehalten: Er ist wirklich zugegen, aber das Erscheinungsbild von Brot und Wein bleibt unverändert, rein naturwissenschaftlich gibt es nichts zu beobachten. Daß evangelische Theologen die Messe als Opfer hart bekämpft haben, lag auch an manchen Mißbräuchen auf katholischer Seite. Die evangelische Kritik hat mitgeholfen, daß heute ganz klar ist: Hier wird kein neues Opfer von Menschen dargebracht, auch nicht das einzigartige Opfer des Herrn wiederholt, hier wird vielmehr immer wieder Gegenwart, was er einmal am Kreuz vollzogen hat.

Das Wichtigste: Hier will uns der Herr in der Liebe begegnen. Davon will ich Dir das nächste Mal schreiben.

Dein Franz

Die heilige Messe III

Wenn wir Christus empfangen ...

Liebe Kerstin!

Wie versprochen, will ich Dir heute noch einmal über die Eucharistie schreiben. Die heilige Messe ist ja das Größte, was der Herr uns hinterlassen hat. Hier wird uns nicht nur sein Licht geschenkt und seine Liebe, nicht nur das vergebende Erbarmen Gottes oder seine Nähe in seinem Wort – hier kommt er selber, um sich auf das innigste mit uns zu vereinen. Deshalb ist der Empfang der heiligen Kommunion die Vollendung der Meßfeier, sie gehört dazu, und wer aus irgendeinem Grund nicht hingeht, sollte sie wenigstens „geistlich" vollziehen, das heißt, sein gläubiges Verlangen nach Jesus im Gebet ausdrücken.

Der Herr selbst kommt zu uns – damit wird uns neue Kraft zum Guten geschenkt, Sünde abgebaut, das unsterbliche Gottesleben in uns verstärkt. Allerdings muß uns auch klar sein, daß wir den Herrn nicht unwürdig empfangen dürfen: Eine schwere Schuld muß man vorher beichten. Während der Messe müssen wir uns sammeln, um dem Herrn mit ganzer Bereitschaft entgegenzugehen. Auch äußerlich sollen wir unsere Achtung ausdrücken: durch unsere Haltung, unsere Sauberkeit, durch die einstündige Nüchternheit vor dem Empfang der heiligen Kommunion.

Das Konzil hat für bestimmte Anlässe gestattet, die heilige Kommunion unter beiden Gestalten – Brot und Wein – zu empfangen, und ich habe zu meiner Freude gehört, daß Ihr dies bei Euren Jugendmessen zuweilen tut. Gewiß ist Jesus auch unter einer Gestalt ganz zugegen – das lehrt die Kirche eindeutig. Doch tritt beim Empfang unter beiden Gestalten das Zeichen des eucharistischen Mahles deutlicher in Erscheinung. Schön ist es, daß wir die heilige Kommunion mit der Hand entgegennehmen können: Es ist die ausgestreckte Hand des Bettlers, der von Gott beschenkt werden möchte. Schon im 4. Jahrhundert werden die in Kreuzform übereinandergelegten Hände beim Kommunionempfang auch als „Thron für den König" bezeichnet. Beide Arten – Hand- oder Mundkommunion – sollen Ausdruck unserer Ehrfurcht sein.

Die Eucharistie ist Feier der Kirche, eine Sache der Gemeinschaft. Die Kirche lehrt, daß sie nur dann zustande kommt, wenn ein geweihter Priester die Feier vollzieht. Alle aber sollen mitfeiern, sollen in der Mitfeier auch den Aufruf zur Versöhnung, zur Gemeinschaft im Alltag, zur tätigen Nächstenliebe sehen.

Leider haben wir noch keine gegenseitige Zulassung zur Kommunion mit den evangelischen Christen. Es gibt noch zu viele wichtige Glaubensunterschiede, zum Beispiel bezüglich der bleibenden Gegenwart des Herrn (in den evangelischen Kirchen werden die übriggebliebenen Hostien nicht aufbewahrt), auch bezüglich der Frage, ob zur gültigen Feier der Messe ein geweihter Priester notwendig ist (in der evangelischen Kirche gibt es keine Priesterweihe). Die Kirchen bemühen sich sehr, diese Unterschiede zu überwinden, aber noch sind wir nicht so weit. Wenn ein evangelischer Christ ganz an die Gegenwart Christi glaubt, kann er mit bischöflicher Erlaubnis bei besonderen Gelegenheiten zur Kommunion zugelassen werden. Du erinnerst Dich, daß Deine Mutter beim Requiem für Deinen Vater die Kommunion empfangen hat. Sonst aber tut sie es nicht – und ich habe großen Respekt vor ihrer Haltung. Sie sagte mir kürzlich: „Ich weiß, daß es noch nicht soweit ist. Ich möchte nichts vortäuschen. Hoffentlich können wir bald gemeinsam zum Tisch des Herrn gehen!"

Das ist auch mein Wunsch, liebe Kerstin. Das heilige Mahl der Eucharistie drückt ja mehr als alles andere unsere Gemeinschaft in Christus aus ...

Mit herzlichen Grüßen
Dein Franz

In der heiligen Messe

☞ hält Jesus Mahl mit uns.

☞ bringen wir Gott unseren Dank dar für Schöpfung und Erlösung.

☞ wird das Kreuzesopfer Christi wieder Gegenwart.

☞ wird Jesus selbst gegenwärtig unter den Gestalten von Brot und Wein und bleibt es, solange die Gestalten vorhanden sind.

☞ kommt Jesus zu uns: Kommunion (= Vereinigung).

☞ sind wir alle Mitfeiernde, doch nur ein geweihter Priester kann die Meßfeier gültig vollziehen.

☞ wird unsere Gemeinschaft in Christus ausgedrückt und immer wieder neu belebt.

Thomas von Aquin (1225 – 1274), war einer der größten Theologen, die je gelebt haben. Von ihm stammt das Sakramentslied „Tantum ergo sacramentum" und auch das folgende:

O heiliges Gastmahl, in welchem Christus genossen, das Herz mit Gnaden erfüllt und uns ein Unterpfand der künftigen Herrlichkeit gegeben wird!

Erinnerung an meine Erstkommunion:

Jesus, du bist mein Freund, mein Erlöser, mein Herr. Du kommst zu uns. Ich kann dich empfangen als heilige Speise. Erfülle mich mit deinem Licht und deiner Liebe.

Buße und Umkehr

Das ist eine Sache des Herzens, liebe Kerstin!

Liebe Kerstin!

Du wirst Dich wundern, daß dieser Brief anderswoher kommt als sonst. Ich bin mit der Männergruppe unserer Gemeinde nach Vierzehnheiligen gefahren, wir machen hier Exerzitien. Das sind Tage der inneren Erneuerung, und dabei kommt manches in uns in Bewegung. So möchte ich Dir heute ein paar persönliche Dinge schreiben. Ich glaube, daß Du sie richtig verstehst. Ich bin nämlich nach längerer Zeit hier wieder einmal zur Beichte gegangen und möchte Dir ein paar Erfahrungen und Einsichten davon mitteilen. Hauptgedanke: Ich fühle mich beschenkt und froh wie seit langem nicht!

Buße tun ist heutzutage nicht gerade modern. Viele sehen ihr eigenes Versagen nicht ein, es ist immer jemand anders schuld, Eltern und Erzieher zum Beispiel, oder die Veranlagung eines Menschen, seine Umgebung, die Gesellschaft und so weiter. Natürlich spielen alle diese Faktoren eine Rolle, aber wenn wir unser Versagen allein darauf zurückführen, heißt das doch: Ich selber bin nicht verantwortlich, ich bin nicht Herr meiner Taten, bin nicht frei – und das heißt letzten Endes: Mir fehlt Wesentliches an der Menschenwürde. Buße tun heißt also zuallererst: Sich selber verantwortlich bekennen – und damit in Anspruch nehmen, daß man frei ist in seinen Entscheidungen. Wer Buße tut, rettet etwas von der Würde des Menschseins. Wir sind keine Apparate, die ohne Eigenverantwortung nur reagieren, wir sind Menschen ...

Für Jesus war die Bereitschaft zu Buße und Umkehr Kernstück seiner Verkündigung. Dabei folgte er der Mahnung der alttestamentlichen Propheten: Buße muß eine Sache des Herzens sein, eine innere Umkehr zum Guten hin, Abkehr vom Bösen und Hinkehr zu Gott, auch zu den Mitmenschen, von denen uns ja die Sünde immer irgendwie entfernt. Vor allem ist Buße ein Geschenk – das habe ich hier wieder neu erfahren. Die Umkehr ist nicht unsere Leistung, es geht dabei auch nicht darum, Gott gnädig zu stimmen. Er hat sich ja längst uns zugewendet, Jesu Blut ist längst für uns vergossen, er hat uns die Gnade geschenkt, daß wir neu anfangen dürfen. Darum ist das Mitfeiern der heiligen Messe die wichtigste Form der Buße: Hier wird nämlich das Kreuzesopfer gegenwärtig, durch das unsere Schuld gesühnt worden ist.

Umkehr zu Gott! Natürlich erfährt dies am stärksten einer, der sich als Erwachsener bekehrt und die heilige Taufe empfängt. Sie ist ja das Sakrament der Umkehr. Wir haben sie schon als Kinder empfangen, und so bedeutet sie für uns eine ständige Aufgabe. Es gilt, immer wieder von neuem auf den Weg Gottes zurückzukehren. Das haben wir jederzeit nötig, auch wenn wir nicht in schwere Schuld gefallen sind. Die ganze Kirche braucht ständig Vergebung, sie muß sich immer wieder auf den Weg der Buße und der Erneuerung begeben.

Das kann auf vielfache Weise geschehen: durch Fasten, Beten, Almosengeben, durch Verzicht, Werke der Nächstenliebe, Sühneleistung für andere, vor allem durch die Mitfeier der heiligen Messe. Zu bestimmten Zeiten fordert uns die Kirche besonders eindringlich zur Buße auf, im Advent etwa oder in der Fastenzeit, bei Bußgottesdiensten oder bei Exerzitien, wie ich jetzt gerade welche mitmache.

So habe ich mich also auch wieder einmal auf diesen Weg gemacht. Das war gar nicht so leicht, liebe Kerstin. Weißt Du, gerade wenn man sich ein Leben lang bemüht hat, als katholischer Christ zu leben, gerät man in Gefahr, sich selber für „in Ordnung" zu halten, es fällt einem schwer, Fehlhaltungen und Sünden einzusehen ...

Erzähle mir doch auch mal, was Du mit der Beichte für Erfahrungen gemacht hast. In meinem nächsten Brief möchte ich auf dieses wichtige Thema noch einmal zurückkommen.

Für heute grüßt Dich herzlich
Dein Franz

Sakrament der Buße I

Aus der Vergebung wächst Freude

Liebe Kerstin!

Mit der Beichte hast Du Probleme, und ich danke Dir, daß Du mir das so offen geschrieben hast. Mal siehst Du überhaupt keinen Grund, irgend etwas zu bereuen – dann wieder urteilst Du ganz hart über Dich selber und läßt kaum etwas Gutes gelten. Mal sträubt sich alles in Dir gegen die Beichte und Du fragst: Warum soll ich dem Priester alles erzählen? – Dann aber drängt es Dich doch zu einer Aussprache. Du suchst ein Beichtgespräch, Du empfindest das Bekennen schon als ein Stück Befreiung. Glaube mir, liebe Kerstin, mir geht es ganz genauso. Deshalb bin ich ja so glücklich, daß ich kürzlich bei den Exerzitien wieder einen Stoß bekommen habe, das Bußsakrament gut vorzubereiten und zu empfangen. Ich kann nur wiederholen: Es war ein Geschenk ...

Zuerst habe ich mir noch einmal grundsätzlich klargemacht, was bei der Buße passiert. Immer geht es ja darum, zunächst einmal die eigene Schuld einzusehen. Wie leicht bilden wir uns ein, es sei doch alles in Ordnung! Aber dann entdecken wir bei genauer Gewissenserforschung so manchen versteckten Egoismus in unseren Taten, so manche Eitelkeit gerade dann, wenn wir Gutes tun, so manche Trägheit, durch die Notwendiges unterbleibt – und so weiter.

Hat man sich so den Spiegel vorgehalten, ist der nächste Schritt die Reue. In Vierzehnheiligen haben wir in einer Bußandacht miteinander erwogen, wie häßlich die Sünde ist, eine Verletzung der Liebe Gottes, und wie notwendig es ist, sich wieder ganz klar für das Gute zu entscheiden und Schaden wieder gutzumachen, den man angerichtet hat (zum Beispiel durch böses Reden über andere). So haben wir dann Gott um Vergebung gebeten. Schließlich habe ich nach langer Zeit wieder einmal gebeichtet, und am Ende war mein Herz voll des Dankes.

Das ist nun eine sehr persönliche Sache, liebe Kerstin, und doch spürte ich: Es ist auch eine Sache der Gemeinschaft, der Kirche. Durch die Sünde wird ja nicht nur das Band gelockert, das uns mit Gott verbindet, gestört wird doch auch die geheimnisvolle Gemeinschaft, die uns miteinander in Christus vereint. Deshalb wird bei der Vergebung auch dieses Band neu geknüpft oder gefestigt. Die Buße ist auch eine Sache der Kirche, und darum hat Jesus uns das Bußsakrament gegeben. Er hat zu den Aposteln gesagt: „Wem ihr die Sünden vergebt, dem sind sie vergeben" (Johannes 20,22). Aus dieser Vollmacht, im Namen der Kirche, gibt der Priester die Lossprechung. Lies dazu noch einmal die Lossprechungsformel, die ich Dir auf einem Zettel beigefügt habe!

So macht uns das Bußsakrament froh: Alles ist wieder gut. Und doch kommen uns, wenn wir die Sache ganz ernst nehmen, auch Fragen: Wir haben doch den Bund der Liebe mit Gott gestört und Schaden angerichtet in der Heilsgemeinschaft der Kirche. Haben wir uns mit solchen Folgen der Sünde nicht auch selbst belastet? Können wir selber gar nichts tun, um diese Last zu mindern?

Wir können es. Gott, der uns auch als Sünder ernst nimmt, gibt uns diese Chance. Er vergibt nicht nur die Schuld, sondern läßt uns auch am Abbau ihrer Folgen, der „Sündenstrafen", mitwirken. Wir können sie durch geduldiges Ertragen von Leid und Mühsal mindern, hier auf Erden oder nach dem Tod am Ort der Läuterung. Wir können dafür „Ablässe" gewinnen durch Gebete und gute Werke nach Weisung der Kirche. Dabei wird mir jedesmal bewußt: Was ich hier tue, ist ja so geringfügig, damit kann ich doch nicht die Sündenstrafen tilgen! Es ist Christus, von dem ich auch hier beschenkt werde. Die Gemeinschaft mit ihm trägt mich, die Einheit mit allen, die als Glieder zu seinem Leib gehören.

Aus alledem, liebe Kerstin, wächst eine frohe Lebens-Grundstimmung. Und deshalb habe ich das Bußsakrament so gern, auch wenn ich mir immer erst einen Ruck geben muß, um es zu empfangen.

Herzlich grüßt Dich
Dein Franz

Sakrament der Buße II

Eigentlich schade, hier von „Pflicht" zu reden ...

Liebe Kerstin!

Ich habe Dir vom Bußsakrament erzählt, und mir lag besonders daran, Dir zu zeigen, daß es eine Sache des Herzens ist: Wir kommen als Sünder zu Gott und erfahren seine Barmherzigkeit. Er stößt uns nicht zurück, sondern nimmt uns voller Freude an, so wie es der Vater mit dem Verlorenen Sohn im Evangelium tut (Lukas 15,11–32). Kannst Du Dir vorstellen, daß es mich deshalb immer stört, wenn Leute fragen: Wie oft muß ich beichten? Welche Sünden muß ich beichten? Es geht um Gottes verzeihende Liebe, und deshalb ist es eigentlich schade, wenn hier von Pflicht geredet wird. Die Kirche empfiehlt uns das Buß-sakrament, sie lädt uns dazu ein. Und wenn sie „Vorschriften" dazu gibt, so ergeben diese sich aus der Sache selber. Du hast danach gefragt, und dazu kann ich Dir folgendes sagen.

Schwere Sünden trennen uns von Gott. Sie geschehen, so hoffe ich, nicht oft. Es muß eine wichtige Sache vorliegen, dazu klare Erkenntnis, und die Sünde muß mit ganz freiem Willen geschehen sein, obwohl man weiß, daß man sich damit gegen Gott stellt. Wer so weit gegangen ist, muß eine solche Verfehlung natürlich in der Beichte sagen – sonst wäre es ja kein ehrliches Bekenntnis.

Die Kirche lädt uns aber auch ein, die alltäglichen („läßlichen") Sünden zu bekennen. Sie trennen uns zwar nicht von Gott, stören aber unsere innige Beziehung zu ihm und können dazu führen, daß die Liebe erkaltet, die uns mit Gott verbindet. Wenn wir sie im Bußsakrament beichten, erfahren wir Gottes verzeihende Liebe. Deshalb sollte man öfter während des Jahres zur Beichte gehen, auch wenn man nicht verpflichtet ist.

Du fragst auch nach der „Osterbeichte". Dabei geht es um folgendes: Wir gehen heutzutage oft zur heiligen Kommunion, fast in jeder Messe, die wir mitfeiern. Das ist gut so, und wir brauchen gewiß nicht jedesmal vorher zu beichten, wie man das in früheren Zeiten getan hat. Nur wer eine schwere Sünde begangen hat, muß beichten, ehe er zum Tisch des Herrn geht. Manche schieben das lange auf, gehen nicht mehr zur Kommunion. Damit sie die Verbindung mit Christus nicht verlieren, sagt die Kirche: Wenigstens in der österlichen Zeit, wenigstens einmal im Jahr, soll jeder zur Kommunion gehen. Das ist dann die Osterkommunion, und ihr voraus geht die Osterbeichte.

Wir, liebe Kerstin, sollten weniger nach dieser „Vorschrift" fragen als nach dem tiefen Sinn der österlichen Zeit, die vom Aschermittwoch bis Pfingsten dauert: Es ist die Zeit, in der wir mit Jesus in seinem Leiden, seinem Tod und seiner Auferstehung besonders eng verbunden werden sollen – und das geschieht am intensivsten durch die Sakramente der Buße und der heiligen Kommunion.

Schließlich noch ein Wort zur „Genugtuung". Wir können ja unsere Sünden nicht selber wieder gutmachen, wohl aber Zeichen guten Willens geben, nachdem Gott uns verziehen hat. Deshalb machen wir vor allem den Schaden wieder gut, zum Beispiel, wenn wir jemandem etwas weggenommen oder Böses über ihn erzählt haben. Zudem gibt uns der Priester eine Buße auf, ein Bußgebet oder Bußwerk (Opfer, Verzicht, Werk der Nächstenliebe). Damit soll die Kraft des Guten in uns gestärkt werden.

Nun habe ich also doch von Pflichten und Vorschriften beim Bußsakrament geredet. Aber ich hoffe, Du hast bemerkt, daß sie nur helfen sollen, das Eigentliche dieses Sakraments zu erfassen: Gott will uns in seine Arme schließen, so daß alle Sünde schwindet und unser Herz mit Freude erfüllt wird ...

Es grüßt Dich herzlich
Dein Franz

Buße tun

☞ bedeutet: die eigene Verantwortung ernst nehmen.

☞ setzt eine ehrliche Gewissenserforschung voraus.

☞ heißt: aus Überzeugung und Liebe vom Bösen zu Gott umkehren.

☞ heißt vor allem: bereuen, betrübt sein über die begangenen Sünden.

☞ ist nur echt, wenn wir uns vornehmen, das Böse nicht wieder zu tun.

Wenn ihr hier eintretet,
so versöhnt euch:
der Vater mit seinem Sohn,
der Mann mit seiner Frau,
der Gläubige mit dem, der nicht glauben kann,
der Christ mit seinem getrennten Bruder.

(Tafel an der Versöhnungskirche in Taizé)

Sakrament der Buße

☞ **Gewissenserforschung**: Wir fragen uns: Was habe ich Böses getan, was habe ich Gutes unterlassen?

☞ **Reue und Vorsatz**: Wir bitten Gott um Vergebung, weil uns die Sünden leid tun, wir nehmen uns vor, sie nicht wieder zu tun.

☞ **Bekenntnis**: Wir beichten unsere Sünden.

☞ **Lossprechung**: Der Priester spricht: „Gott, der barmherzige Vater hat durch den Tod und die Auferstehung seines Sohnes, unseres Herrn Jesus Christus, die Welt mit sich versöhnt und den Heiligen Geist gesandt zur Vergebung der Sünden. Durch den Dienst der Kirche schenke er dir Verzeihung und Frieden. So spreche ich dich los von deinen Sünden im Namen des Vaters und des Sohnes und des Heiligen Geistes!"

☞ **Genugtuung**: Wir machen angerichteten Schaden wieder gut, so gut wir können. Wir bitten Gott, daß er die Kraft des Guten in uns stärke und beten das Gebet oder verrichten das Bußwerk, das der Priester uns aufgegeben hat.

Die Kranken-salbung

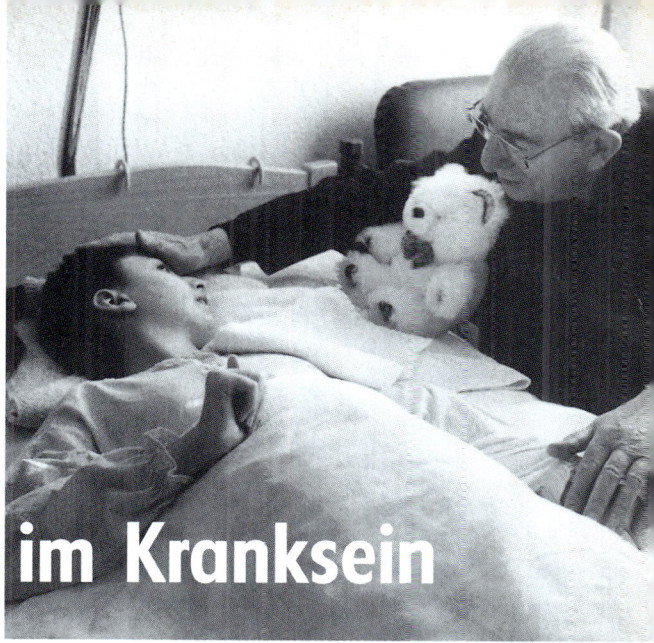

Gottes Nähe im Kranksein

Liebe Kerstin!

Habe ich Dir schon erzählt, daß ich in unserer Gemeinde öfter Kranke besuche? Es ist eine Aufgabe, die sich mehrere Männer und Frauen bei uns gestellt haben. Manchmal braucht man dazu viel Geduld, aber meistens macht es Freude. Die Kranken sind dankbar, wenn man ihnen das Gefühl vermittelt: Ihr gehört zur Gemeinde, ihr seid sogar ein besonders wichtiger Personenkreis, weil ihr beten und eure Krankheit in der Nachfolge Christi tragen könnt. Von euch kommt Segen in die Gemeinde!

Ist Dir schon einmal aufgefallen, wie oft sich Jesus den Kranken zuwendet, ihnen die Hände auflegt, sie tröstet oder gesund macht? Oft sagt er dabei Deine Sünden sind dir vergeben. Ähnlich haben es die Apostel getan. Von Anfang an haben die Christen in den Kranken den Herrn selber gesehen und sie gerade deshalb gepflegt und betreut. Die Kirche hat ein eigenes Sakrament für sie: die Krankensalbung.

In der Krankheit spüren wir, daß unser Leben bedroht ist. Sie mindert unsere Kräfte und mahnt uns an den Tod. Gewiß hat nicht der einzelne Kranke durch Sünden seine Krankheit auf sich gezogen – diesen Gedanken lehnt die Heilige Schrift eindeutig ab. Aber der Kranke spürt, daß die Welt gestört ist durch die Sünde. Gott will das Leben. Im Sakrament der Krankensalbung soll das der Kranke erfahren. Er soll spüren, daß Jesus das Kranksein zum Weg des Heiles gemacht hat. Seine Nähe soll ihn stärken.

Im Jakobusbrief heißt es: „Ist einer von euch krank? Dann rufe er die Ältesten der Gemeinde zu sich; sie sollen Gebete über ihn sprechen und ihn im Namen des Herrn mit Öl salben. Das gläubige Gebet wird den Kranken retten, und der Herr wird ihn aufrichten, wenn er Sünden begangen hat, werden sie ihm vergeben" (5,14–15).

Um Rettung und Aufrichtung geht es also bei diesem Sakrament. Dem Kranken soll Heil geschenkt werden, auch die Genesung, wenn Gott es will – denn körperliches und seelisches Leiden hängen oft eng zusammen, das hat gerade die moderne Medizin wieder bewußt gemacht. Zumindest aber soll der Kranke neue Kraft erhalten, die Krankheit zu ertragen.

Stärkung für Leib und Seele – das zeigt auch die Art, wie dieses Sakrament gespendet wird. Der Priester salbt den Kranken mit dem vom Bischof geweihten Krankenöl auf Stirn und Händen und spricht dabei: „Durch diese heilige Salbung helfe dir der Herr in seinem reichen Erbarmen, er stehe dir bei in der Kraft des Heiligen Geistes. Der Herr, der dich von Sünden befreit, rette dich, in seiner Gnade richte er dich auf!"

Lange Zeit hat man die Krankensalbung als „Sterbesakrament" bezeichnet und deshalb den Priester oft viel zu spät gerufen. Richtig ist, daß die Krankheit uns an den Tod erinnert. Aber die Kirche möchte die Kranken aufrichten. Deshalb soll dieses Sakrament gespendet werden, sobald der Gesundheitszustand erheblich angegriffen ist, durch Krankheit, Unfall oder Altersschwäche. Die Krankensalbung kann wiederholt werden, wenn eine neue Verschlechterung eingetreten ist. Manchmal wird dieses Sakrament auch in der Kirche gefeiert, man bringt dann die Kranken dorthin – so kommt gut zum Ausdruck, daß auch dieses Sakrament eine Sache der kirchlichen Gemeinschaft ist.

Ich jedenfalls, liebe Kerstin, möchte dieses Sakrament einmal früh genug empfangen, so daß ich es noch wirklich miterleben und als Trost empfinden kann. So hoffe ich, die Kraft zu finden, mich bewußt mit dem Leiden und dem Tode Christi innerlich zu vereinigen. Das eigentliche „Sterbesakrament" ist die heilige Kommunion, die als „Wegzehrung" gereicht wird. Auch sie möchte ich, wenn es einmal soweit ist, bei vollem Bewußtsein empfangen.

Ein ernstes Thema war das heute, liebe Kerstin. Aber hast Du auch herausgehört, daß Gott uns gerade dann mit seinem Trost und seiner Freude erfüllen will, wenn es ernst wird in unserem Leben?

Herzlich grüßt Dich
Dein Franz

Die Krankensalbung

☞ soll uns in der Krankheit Mut und Gottes Nähe schenken.

☞ soll uns heil machen an der Seele und – wenn Gott es will – auch am Leibe.

☞ soll gespendet werden, wenn jemand ernstlich krank ist, nicht erst, wenn der Tod naht.

Die Formel der Krankensalbung:

Durch diese heilige Salbung helfe dir der Herr in seinem reichen Erbarmen, er stehe dir bei in der Kraft des Heiligen Geistes. Der Herr, der dich von Sünden befreit, rette dich. In seiner Gnade richte er dich auf!

Wenn jemand krank ist

Herr, erst wenn wir selbst krank sind, merken wir, wie wichtig es ist, gesund zu sein.
Wir bitten dich für alle Kranken: Laß sie wieder gesund werden oder, wenn es sein muß, hilf ihnen, mit ihrer Krankheit zu leben.
Öffne uns die Augen für unsere Möglichkeiten, Kranken zu helfen.

(Aus: Neuen Atem holen)

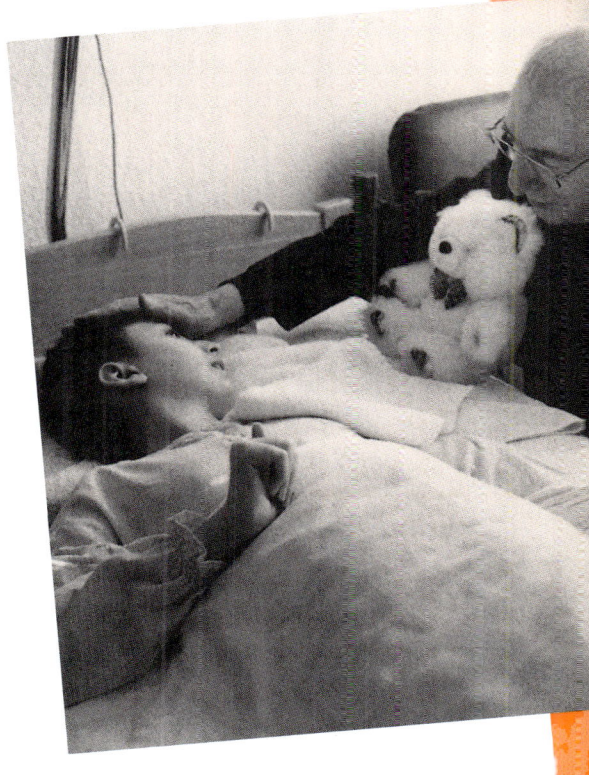

Berufen zum Dienst an den anderen

Die Priesterweihe

Liebe Kerstin!

Vielen Dank für Deinen Brief mit dem lebendigen Bericht über die Primiz in Eurer Gemeinde. Da hast Du also miterlebt, wie ein junger Priester mit Euch in der Gemeinde zum ersten Mal die heilige Messe gefeiert hat. Und Du hast mir ein gutes Wort aus der Primizpredigt weitergesagt: „Das Sakrament der Priesterweihe ist ein Geschenk für uns alle. Für uns, für die Gemeinde, wird der Priester geweiht!"

Damit ist genau getroffen, um was es hier geht: ein Sakrament zum Aufbau der Kirche. Christus nimmt Menschen in seinen besonderen Dienst und überträgt ihnen Vollmachten zum Heil für die anderen. Ein Sakrament also, für das wir alle danken müssen. Die Kirche könnte ohne Priester nicht leben.

Jesus hat damals die zwölf Apostel berufen, nicht weil ihnen dieses Amt aufgrund besonderer Leistungen zugestanden hätte, sondern weil er selbst sie ausgewählt hatte. Mit ihnen hat er enge Gemeinschaft gepflegt, ihnen hat er sein Werk der Reich-Gottes-Verkündigung anvertraut: „Wer euch hört, hört mich" (Lukas 10,16). Ihnen hat er am Abend vor seinem Leiden die Feier der Eucharistie übertragen: „Tut dies zu meinem Gedächtnis!" (Lukas 22,19). Nach seiner Auferstehung hat er sie beauftragt, in seinem Namen Sünden zu vergeben; er hat ihnen den besonderen Beistand des Heiligen Geistes verheißen und ihnen den Befehl gegeben, die Menschen durch die Taufe zu seinen Jüngern zu machen. Jesus wollte das Amt des Dienstes in der Kirche.

Es wird mit Handauflegung übertragen – mit einer uralten Geste also, die es schon im Alten Bund gab. Von Anfang an wurde so das Dienstamt in der Urkirche weitergegeben, schon um das Jahr 100 herum ist die Stufung der Ämter vorhanden: Bischöfe, Priester, Diakone. Alle drei Stufen des Weihesakraments werden auch heute noch dadurch gespendet, daß der Bischof die Hände auflegt und mit entsprechenden Gebetsworten die heilige Vollmacht überträgt.

Drei Stufen: Der Bischof hat die ganze Fülle des Weihesakraments, er kann also jeden priesterlichen Dienst einschließlich der Priester- und Bischofsweihe vollziehen. Der Priester erhält als wichtigste Vollmacht die Berufung, die Eucharistie zu feiern, er kann das Bußsakrament, die Krankensalbung und – in besonderen Fällen – die Firmung spenden. Der Diakon ist berufen, zu taufen, zu predigen, die heilige Kommunion auszuteilen, Ehen einzusegnen, kirchliche Begräbnisse vorzunehmen, der Gemeinde zu dienen.

Immer entsteht durch diese Weihen Gemeinschaft: Die Bischöfe sind ein weltweites Kollegium mit dem Papst an der Spitze. Die Priester bilden mit ihrem Bischof an der Spitze das „Presbyterium", dem die Sorge für ein Bistum anvertraut ist, auch die Diakone gehören zur Gemeinschaft des „Klerus", sie sind also keine Laien. Das Weihesakrament prägt der Seele ein unauslöschliches Merkmal ein: Wer einmal Priester geworden ist, bleibt es immer, selbst wenn er seiner Berufung untreu wird und sein Amt nicht mehr ausüben darf. In Lebensgefahr darf man auch ihn bitten, das Bußsakrament zu spenden …

Ich bin vielen Priestern begegnet. Lebhaft erinnere ich mich an unsere Jugendseelsorger, die uns Freude an der Kirche vermittelt haben. Eine Freude, von der sie selbst erfüllt waren. Für uns alle in der Kirche ist es ein großes Geschenk, daß diese Männer uns ihr Leben widmen. Wir brauchen sie. Durch ihre Weihe werden sie uns, der Gemeinde, geschenkt. Sie verkörpern Christus, der sich an seine Braut, die Kirche, hingibt. Deshalb leben sie ehelos. Wir sind ihre Familie. Erst durch dieses Miteinander und Gegenüber werden wir eine Gemeinde der katholischen Kirche.

Herzliche Grüße
sendet Dir
Dein Franz

Das Weihesakrament

☞ läßt den Priester in besonderer Weise am Priestertum Christi teilhaben, so daß er mit uns die heilige Messe feiern und uns im Namen Jesu Vergebung der Sünden zusprechen kann.

☞ ruft Männer in eine große Lebensaufgabe: sich der Kirche zu schenken wie der Bräutigam Christus. Deshalb leben sie ehelos.

☞ prägt ein unauslöschliches Merkmal ein: Wer einmal Priester geworden ist, bleibt es für immer.

☞ fügt die Geweihten in die Gemeinschaft der Priester ein, die mit dem Bischof an der Spitze das Bistum leitet.

☞ hat drei Stufen: Diakonenweihe, Priesterweihe, Bischofsweihe.

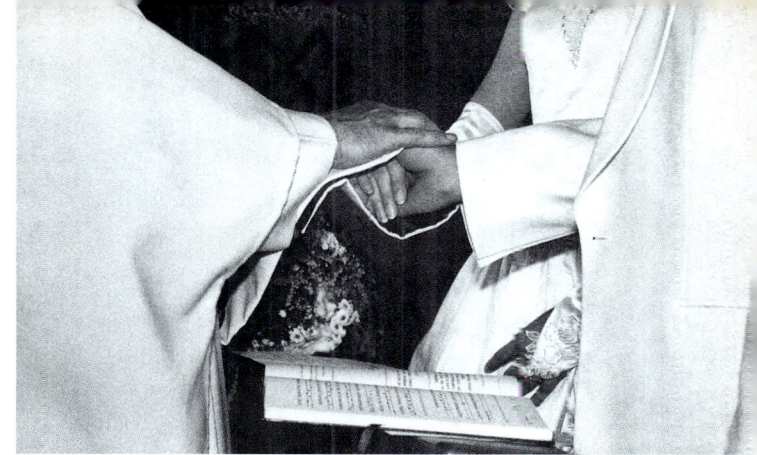

Die Ehe I
Für die Liebe bestimmt

Liebe Kerstin!

Hast Du Dir schon Gedanken über das Sakrament der Ehe gemacht? Du bist inzwischen alt genug geworden, um ahnen zu können, wie groß und wichtig dieses Thema ist. Überall hört man von „Ehekrisen" und gescheiterten Ehen. Manche erklären die Ehe für altmodisch und halten lockere Partnerschaften für das Richtige. In Eurer Klasse, schreibst Du, finden etliche die Ansichten der Kirche über die Ehe ziemlich überholt, zum Beispiel den Grundsatz der Unauflöslichkeit.

Auf der anderen Seite, liebe Kerstin, beobachte ich aber auch viel Gutes in unserer Zeit. Zum Beispiel, wie liebevoll sich viele junge Väter um ihre Kleinkinder kümmern, mit ihnen spielen und sie auf den Armen tragen. Wie eifrig und fröhlich junge Ehepaare in den Familienkreisen unserer Pfarrgemeinde über ihre gemeinsamen Fragen sprechen und sich gegenseitig helfen. Nein, Ehe und Familie sind nicht tot, die allermeisten Menschen suchen darin ihr Glück. Und Dir wünsche ich von Herzen, daß du es eines Tages ebenfalls finden wirst, wenn Ehe und Familie der Weg sind, den Gott für Dich bestimmt hat.

Bei uns wird ja nun bald Silberhochzeit gefeiert, und wenn ich auf diese 25 Jahre zurückblicke, fällt mir gewiß auch so manche Stunde ein, wo es schwierig wurde, wo wir, meine Frau und ich, uns erheblich um ein gutes Miteinander mühen mußten. Aber viel stärker sind meine Erinnerungen an glückliche Tage. Wir müssen beide dankbar sein, weil uns die Ehe so viel Freude und Erfüllung geschenkt hat.

Die wichtigste Einsicht aus all den Jahren: Gott hat uns für die Liebe bestimmt. Wenn Du eines Tages einen Partner findest, der Dich wirklich liebt und dem Du Deine Liebe schenkst, dann wird es Dir genau so gehen wie uns beiden vor 25 Jahren: Du wirst glücklich sein. Und Du wirst bald spüren: Wenn zwei zusammengehören, wenn ihre Liebe echt und frei ist, dann muß daraus ein Bund werden, der nie wieder aufgelöst wird. Du wirst entdecken, was Gott uns ins Herz gelegt hat. Er selber hat ja in seiner Schöpfungsordnung das Miteinander von Mann und Frau begründet.

Eine Ehe ist keine einfache Sache. Wir sind schwache Menschen. Unser Egoismus kann das gute Miteinander schwächen oder gar zerstören. Aber Gott wirkt in der Ehe. Er selber bindet sich mit ein in die Gemeinschaft der Partner. Er macht die christliche Ehe möglich. Sie ist ein Abbild des Bundes, den Christus am Kreuz mit seiner Braut, der Kirche, geschlossen hat. Darin besteht ihr „tiefes Geheimnis" (Epheserbrief 5,31). Sie ist ein Sakrament.

Ich habe in meinem Leben oft gespürt, wie dieses Sakrament wirkt, wie Gott uns beisteht in der Ehe. Wir sind gewiß kein „Idealpaar" (Ob es das überhaupt gibt?), aber ich kann doch sagen: Mit den Jahren ist unsere Liebe gewachsen und immer tiefer geworden. Wir sind ein Herz und eine Seele.

Noch eines hierzu: Du weißt, daß ich seit langem mit einigen Benediktinermönchen befreundet bin und auch eine Reihe von Ordensfrauen gut kenne. So kann ich Dir sagen: Auch das *ehelose* Leben kann eine großartige Lebenserfüllung sein, wenn es von der Liebe zu Gott und zum Nächsten getragen ist. Vor einigen Wochen ist ein Mädchen aus unserer Gemeinde, jung und modern wie Du, bei den Franziskanerinnen eingetreten, ich habe ihre Einkleidungsfeier miterlebt: Sie war eine überglückliche Braut Christi.

Ordensstand und Ehe haben eines gemeinsam: Sie führen zum Glück, wenn man sich ganz und unwiderruflich verschenkt. Ganz gleich, welchen Weg Du einmal wählen wirst: Auf diese Ganz-Entscheidung kommt es an.

Es grüßt Dich herzlich
Dein Franz

Die Ehe II

Ein Fundament für die Familie

Liebe Kerstin!

Meine Ehe-Erinnerungen hast Du mit ganz frischen Eindrücken beantwortet: Du hast eine Trauung in Eurer Kirche miterlebt und bist begeistert: Brautkleid, Blumen, Musik – so ähnlich möchtest Du es selber einmal erleben.

Damit hast Du ganz recht. Wenn die Kirche die Eheschließung mit Feierlichkeit umgibt, sie sogar in die Feier der heiligen Messe hereinholt, hat sie guten Grund dazu. Die Ehe ist etwas Großes und Heiliges. Sie geht auch nicht nur die beiden Brautleute etwas an. Viele sollen ja mithelfen, daß die Ehe gelingt und umgekehrt: Wo eine christliche Familie entsteht, soll sie auch anderen Menschen Halt bieten. Aus der Ehe und Familie baut sich die Gemeinschaft des Volkes und der Kirche auf.

Wenn Gott Dich für die Ehe bestimmt hat, wirst Du eines Tages vor dem Traualtar stehen. Dann wirst Du selber ein Sakrament spenden. Der Priester oder Diakon ist nämlich nicht der Spender wie etwa bei der Taufe oder der Buße. Er segnet die Ehe ein, er nimmt als Vertreter der Kirche das Ja-Wort der Brautleute entgegen. Aber das Sakrament spenden sie selber. Es kommt zustande, wenn die Brautleute einander als Mann und Frau annehmen und schenken. Seit dem Konzil von Trient im 16. Jahrhundert ist dafür die kirchliche Trauung vorgeschrieben – eine Form, die des Sakraments wegen eingehalten werden soll, von der aber aus wichtigem Grund auch dispensiert (befreit) werden kann.

Drei Eigenschaften sind wesentlich für die Ehe: Einheit, Unauflöslichkeit, Ja zum Kind.

Einheit: In der Ehe schenken Mann und Frau sich gegenseitig, ganz, ohne Vorbehalte. So gehören sie einander ausschließlich, eine Vielehe ist darum gegen Gottes Plan und Gebot.

Unauflöslichkeit: Man kann nicht nur auf Probe einen Menschen annehmen. Echte Liebe ist unwiderruflich. Daran hält die Kirche fest. So sichert sie ein klares Zielbild für Millionen junger Menschen. So wendet sie Unheil ab von den Familien, vor allem von den Kindern. Deshalb kann einer, der geschieden ist, zu Lebzeiten seines ersten Gatten keine kirchlich gültige Ehe eingehen. Das heißt freilich nicht, daß die Kirche Geschiedene verstößt, wenn sie wieder heiraten. Aber sie muß dabei bleiben, daß dies nicht der Ordnung Gottes entspricht, und darf die Betreffenden nicht einfach zu den Sakramenten zulassen. Hier gibt es schwierige Gewissensprobleme, und ehe einer sich hier resigniert zurückzieht, sollte er unbedingt Kontakt mit seinem Seelsorger aufnehmen.

Ja zum Kind: Die allermeisten jungen Eheleute freuen sich auf Kinder. Damit sagen sie Ja zu Gottes Ordnung. Ohne dieses grundsätzliche Ja, ohne diese Bereitschaft, Kindern das Leben zu schenken, gibt es keine gültige Ehe. Gewiß können auch hier Probleme auftreten, die mit dem Seelsorger besprochen werden müssen. Aber entscheidend ist die Grundeinstellung: das Ja zum Leben.

Wenn Du zu der Überzeugung kommst, liebe Kerstin, daß Ehe und Familie für Dich der richtige Lebensweg sind, dann wünsche ich Dir von Herzen, daß Du einen guten katholischen Mann findest, damit Du eine Familie ganz aus unserem Glauben und in einer katholischen Gemeinde aufbauen kannst. Heute werden viele bekenntnisverschiedene Ehen geschlossen. Die Kirche verlangt dann, daß der Katholik sich zu der Pflicht bekennt, seine Kinder katholisch zu erziehen, soweit das in seiner Ehe möglich ist – manchmal ist es aufgrund der persönlichen Verhältnisse nicht möglich, eine bittere Angelegenheit. In einer „Mischehe" kommt es sehr darauf an, daß beide Partner sich gegenseitig achten und die kirchliche Bindung des anderen liebevoll respektieren. Dann kann auch aus der Bekenntnisverschiedenheit Glaubenseifer wachsen. Aber leider ist die bekenntnisverschiedene Ehe oft eine Quelle der religiösen Gleichgültigkeit. Du hast im eigenen Elternhaus die bessere Möglichkeit erlebt. Sei Gott dankbar dafür!

Grüß mir Deine liebe Mutter,
Dein Franz

Die Ehe

☞ ist das Abbild des Bundes zwischen Christus und seiner Kirche.

☞ ist ein Sakrament, das sich Braut und Bräutigam gegenseitig spenden.

☞ kommt durch das Ja-Wort der Brautleute zustande, das sie bei der Trauung aussprechen.

☞ hat drei Wesensmerkmale: Einheit, Unauflöslichkeit, Ja zum Kind.

So segnet der Priester bei der Trauung die Ringe:

Herr und Gott, du bist menschlichen Augen verborgen, aber dennoch in unserer Welt zugegen. Wir danken dir, daß du uns deine Nähe schenkst, wo Menschen einander lieben. Segne diese Ringe, segne diese Brautleute, die sie als Zeichen ihrer Liebe und Treue tragen werden. Laß in ihrer Gemeinschaft deine verborgene Gegenwart unter uns sichtbar werden. Darum bitten wir durch Christus, unseren Herrn.

Die Trauungsformel:

Der Bräutigam spricht: Kerstin, vor Gottes Angesicht nehme ich dich an als meine Frau. Ich verspreche dir die Treue in guten und bösen Tagen, in Gesundheit und Krankheit, bis der Tod uns scheidet. Ich will dich lieben, achten und ehren alle Tage meines Lebens. Trag diesen Ring als Zeichen unserer Liebe und Treue: Im Namen des Vaters und des Sohnes und des Heiligen Geistes.

Adolf Kolping (1813 – 1865), der Gesellenvater, kümmerte sich im vorigen Jahrhundert vorbildlich um die wandernden Gesellen. Er betonte den hohen Wert des Familienlebens, das in Gott gründet:

Die Rettung des Menschengeschlechtes fängt bei der Familie an, bei der Ehe, der Hochzeit. Wer das Volk retten will, rette die Familie ... Die Vollendung des Zusammenlebens und das Ziel des Menschen wurzelt aber im tiefsten Grunde des Herzens ..., wo Gott selbst sich unaustilgbar ausprägt, von wo aus jenes geheimnisvolle Leben, das wir Liebe nennen, aufquillt und den ganzen Menschen wärmend und belebend durchströmt ...

Der Ordensstand

☞ Seit dem frühen Christentum gibt es Christen, die so intensiv wie möglich das Evangelium leben und ganz für Gott dasein wollen. Daraus entstanden die Ordensgemeinschaften.

☞ Das Leben in den Ordensgemeinschaften ist wesentlich geprägt von den drei „evangelischen Räten":
  - Armut, also Verzicht auf persönlichen Besitz.
  - Ehelosigkeit, also Verzicht auf Ehe und Kinder.
  - Gehorsam gegenüber den Ordensoberen.

Edith Stein (1891 – 1945), eine bedeutende Philosophin und beliebte Ausbilderin künftiger Lehrerinnen, fand 1922 vom Judentum zum katholischen Glauben und wurde 1934 Ordensfrau bei den Kölner Karmelitinnen. Ihrer jüdischen Abstammung wegen wurde sie von den Nationalsozialisten verschleppt und starb in einem Konzentrationslager. Über ihre Entscheidung, Ordensschwester zu werden, schrieb sie:

„In selbstvergessener Liebe sich Gott restlos hinzugeben, das eigene Leben enden zu lassen, um für Gottes Leben in sich Raum zu schaffen, ist Motiv, Prinzip und Ziel des Ordenslebens. Je vollkommener das verwirklicht wird, desto reicheres göttliches Leben erfüllt die Seele. Göttliches Leben aber ist Liebe … Nur Gott kann eines Menschen Hingabe ganz empfangen und so empfangen, daß der Mensch seine Seele nicht verliert, sondern gewinnt …"

Eine Profeßformel:

Schwester Klara, die meinen Vater nach seinem Verkehrsunfall gepflegt und ihn bis zu seinem Tod begleitet hat, hat mir den Wortlaut ihres Gelübdes gegeben, mit dem sie für ihr ganzes Leben Ordensfrau geworden ist. Darin heißt es:

„Ich, Schwester Klara, gelobe dem allmächtigen Gott vor den hier anwesenden Schwestern und Brüdern, für immer in gottgeweihter Keuschheit, Armut und Gehorsam gemäß der Lebensordnung der Kongregation der Barmherzigen Schwestern vom hl. Vinzenz von Paul in Hildesheim zu leben … Ich stelle mich dieser Ordensgemeinschaft für ihre apostolisch-caritativen Aufgaben im Dienste Gottes und der Kirche aus ganzem Herzen zur Verfügung. Dreifaltiger Gott, nimm mein Gelübde an und mache mich fähig und bereit, dich immer vollkommener zu lieben."

Wenn das Ende naht ...

Christentum – eine Religion der Hoffnung

Liebe Kerstin!

In meiner Nachbarschaft hat kürzlich einer auf eine Betonwand folgende Worte aufgesprüht: Alles geht unter, NO FUTURE! Du weißt, daß manche Jugendliche noch immer in dieser Stimmung hängen. Bei manchen Erwachsenen ist es ebenso, auch wenn sie vielleicht nach außen hin Optimismus zur Schau tragen. Hoffnungslosigkeit hat sich ausgebreitet. Sie sitzt tief. Sie wurzelt nicht nur darin, daß viele mit der heutigen Welt nicht mehr klarkommen, daß sie Angst vor Kernenergie, Umweltzerstörung oder Technisierung haben, daß sie nicht den Ausbildungsplatz finden, den sie suchen. Es geht um mehr. Das ganze Leben erscheint ihnen wie ein Weg ins Leere. Was soll's, sagen sie, du mußt dich damit abfinden, daß am Ende doch alles keinen Zweck hat!

Die Christen der Urkirche waren vielleicht noch viel stärker von dem Gedanken durchdrungen: Das Ende naht. Aber bei ihnen hat das keinen Schrecken erzeugt, im Gegenteil: Sie haben den Untergang dieser Welt geradezu herbeigesehnt, weil sie auf eine neue Welt gehofft haben. Ich finde: Von dieser Hoffnung reden wir heute viel zu wenig! Nimmt man die Bibel ernst, liebe Kerstin, so zeigt sich sofort: Christentum ist ein Glaube auf Zukunft hin, eine Religion der Hoffnung. Für uns spielt es eine große Rolle, was einmal geschehen wird, wenn diese Welt vergeht oder wenn wir von ihr Abschied nehmen müssen.

Freilich stößt das, was die Kirche hierzu lehrt, auf mancherlei Unverständnis. Da wird dann gesagt: Was sollen diese Begriffe: Tod – Gericht – Himmel – Hölle – Fegefeuer – Auferstehung der Toten – Wiederkunft Christi – Weltgericht – Weltuntergang – Neuschaffung der Welt? Wie soll man sich das vorstellen? fragen viele. Am liebsten möchten sie eine Art Reiseprospekt haben, eine genaue Schilderung, wie einmal alles ablaufen wird.

Unsere Hoffnung beruht aber nicht darauf, daß wir genau vorhersagen könnten, wie alles geschehen wird. Der Apostel Thomas fragt Jesus: „Herr, wir wissen nicht, wohin du gehst, wie sollen wir da den Weg kennen?" Aber Jesus gibt ihm keine Wegbeschreibung, sondern antwortet: „Ich bin der Weg, die Wahrheit und das Leben!" (Johannes 14,5–6). Das ist genau der Punkt, auf den es ankommt. Die letzten Dinge dieser Welt und das Leben der kommenden Welt können nicht exakt beschrieben werden. Grund unserer Hoffnung ist nicht „Kenntnis der Wegstrecke", sondern allein die Tatsache, daß Jesus von den Toten auferstanden ist. Wir sind mit ihm eins durch Glaube und Taufe – also nehmen wir auch an seinem Sieg über die Welt und ihre Vergänglichkeit teil.

Wir brauchen den Tod deshalb nicht zu ignorieren, er ist das Gesetz der Welt. Eines Tages muß jeder sterben, und der Gedanke daran hat ja auch sein Gutes: So wird uns nämlich klar, daß jeder Augenblick kostbar ist, daß wir unterwegs sind. Freilich: Wir empfinden den Tod als Fall in ein dunkles Loch, als sinnwidrigen Abbruch des Lebens, er verursacht uns Angst und Qual. Das aber widerspricht Gottes Schöpfungsabsicht. Gott will das Leben, nicht den Tod, und durch Jesu Tod am Kreuz ist alles Sterben verwandelt worden: Es ist Durchgang zum ewigen Leben.

Wenn ich einmal zum Sterben komme, liebe Kerstin, dann möchte ich möglichst nicht einsam zwischen den Apparaten einer Intensivstation liegen, sondern von Menschen begleitet sein, die mit mir beten. In Gottes Frieden und voller Hoffnung möchte ich einmal heimgehen. Manchmal denke ich darüber nach, wie wohl alles werden wird. Aber Du mußt nicht meinen, daß mir der Gedanke an den Tod die Lebensfreude verdirbt. Der heilige Franziskus hat sogar vom „Bruder Tod" gesprochen. Auf die Hoffnung kommt es an, liebe Kerstin. Sie ist ein großes Geschenk Gottes!

Es grüßt Dich herzlich Dein Franz

Was kommt nach dem Tod?

Wir sind für die Herrlichkeit bestimmt

Liebe Kerstin!

Hoffen über den Tod hinaus – das ist ein schönes und wichtiges Thema. Zu allen Zeiten und in allen Völkern ist die Frage lebendig gewesen: Was wird aus mir, wenn ich sterbe? Die Menschheit ist durchzogen von der mehr oder weniger deutlichen Sehnsucht nach einem Weiterleben.

Philosophen sind zu der Auffassung gelangt, daß die menschliche Seele, weil sie geistig ist, eigentlich nicht sterben kann. Logisch ist auch der Gedanke, daß unser Sehnen nach Erfüllung und Gerechtigkeit ins Leere laufen würde, wenn mit dem Tode alles aus wäre.

Die Bibel läßt uns miterleben, wie sich die Antwort auf diese Grundfrage unseres Daseins im Laufe von Jahrhunderten herausgeschält hat. Sie geht aber nicht vom Menschen und seiner Sehnsucht, sondern von Gott aus. Mit der ursprünglichen Vorstellung, daß ihn nach dem Tode ein hoffnungsloses Schattendasein in der Unterwelt erwartet, konnte sich der gläubige Mensch nicht abfinden: Gott ist doch die Quelle des Lebens, er ist doch treu, er wird uns doch niemals ganz fallenlassen! So verdichtet sich die Glaubensüberzeugung: Auch der Tod kann uns nicht von seiner Liebe trennen, wir sind für immer von ihm angenommen und geliebt. Im Neuen Testament klärt sich dieser Gedanke weiter: Christus ist unser Leben. Wir sind unsterblich, weil wir aus ihm und auf ihn hin leben.

Unser Tod bedeutet, daß wir Gott, der ewigen Wahrheit, gegenüberstehen werden – wobei dann alle Masken fallen, alle Selbsttäuschung ein Ende hat und wir schlagartig erkennen, ob unser Leben in Gottes Nähe oder in die Finsternis der Gottesferne geführt hat. So ist der Tod auch ein *Gericht* über unser Leben.

Halten wir fest, liebe Kerstin: Wenn auch unser Leib im Tod verfällt, bleibt doch unsere Seele, unser Ich, die Mitte unserer Person, bestehen. Die Kirche lehrt, daß die Heiligen sofort nach dem Tod in den Himmel eingehen. Wer jedoch noch die Schlacken der Sünde an sich trägt, kann Gott erst schauen, wenn er davon gereinigt ist (Fegefeuer). Da unser Leib aber nicht ein „zweitrangiger Bestandteil" von uns ist, sondern zu unserer menschlichen Person gehört, erwarten wir auch eine leibliche Auferstehung. Christus hat uns ja ganz erlöst. Deshalb dürfen wir am Ende unsere Verklärung mit Leib und Seele erwarten – so wie es die Kirche schon jetzt von Maria, der Gottesmutter, aussagt. Muß ich Dir noch lange erklären, daß es Unfug ist, über die Art und Weise dieser Auferweckung nachzugrübeln, etwa über die Frage, ob denn unser Leib in der Ewigkeit aus dem gleichen Stoff besteht wie jetzt? Es geht um Dinge, die jenseits unseres Verständnisses liegen, und es kommt allein darauf an, daß Gott uns zur Vollendung führen will. Alle Chancen, die in uns stecken, will er zur Reife bringen, ein großartiges Einswerden mit Gott und untereinander ist hier verheißen! So ist die Hoffnung auf das ewige Leben kein billiger Trost. Sie läßt uns vielmehr unseren Rang und unsere Würde begreifen. Wer so viel vom Menschen hält, muß sich auch schon auf dieser Welt für seine Würde, seine Freiheit und seine Rechte einsetzen!

Mit uns soll die ganze Schöpfung in Gottes Herrlichkeit eingehen. Das ist ein faszinierender Gedanke. Er läßt uns allerdings unwillkürlich innehalten: die ganze Schöpfung – auch das Böse, das sich in ihr ausgebreitet hat? Muß nicht erst alle Zwiespältigkeit der Welt beseitigt werden – so daß nur noch Gottes Reich besteht ohne irgendeinen Schatten von Bosheit oder Sünde? Genau das meint die Kirche mit ihrer Lehre vom kommenden Weltgericht. Darüber möchte ich Dir in meinem nächsten Brief mehr erzählen.

Für heute grüßt Dich herzlich Dein Franz

Vom Ende der Welt

Seine Wiederkunft erwarten

Liebe Kerstin!

Du wunderst Dich, daß ich von so ernsten Sachen wie dem Gericht Gottes schreibe, ohne Furcht und Schrecken zu zeigen. „Ist das nicht eine Drohbotschaft?" fragst Du. Ich antworte: Ganz gewiß sollen wir diese Botschaft sehr ernst nehmen, wir sollen uns um unser Heil mühen „mit Furcht und Zittern", sagt die Bibel (Philipperbrief 2,12). Und doch überwiegt bei uns die Hoffnung. Das hat einen entscheidenden Grund: Wir sehen alles von Christus her.

Schon im Alten Testament war vom „Tag des Herrn" die Rede, an dem Gott alle Bosheit seines Volkes strafen, zugleich aber auch sein Volk retten und wiederherstellen werde. Was hier gemeint war, wird im Neuen Testament erst ganz deutlich: Wir erwarten den Tag Jesu Christi, seine Wiederkunft in Herrlichkeit. Dann wird vor aller Welt offenbar werden, daß Jesus Christus der Urgrund und die Mitte der Geschichte ist, alles wird an ihm und seiner Wahrheit gemessen werden. Er ist der von Gott eingesetzte Richter der Lebenden und der Toten. Die Bibel kündigt diesen Vorgang in großartigen Bildern an. Sie alle besagen dies eine: Am Ende wird Christus triumphieren, und mit ihm die Wahrheit und die Gerechtigkeit. Dann werden auch die Kleinen und Gedemütigten, die Vergessenen, die Opfer von Terror und Katastrophen zu ihrem Recht kommen, alle Bosheit und ungerechte Gewalt wird untergehen. So ist die Botschaft vom Weltgericht doch ganz und gar eine frohe Botschaft.

„... bis du kommst in Herrlichkeit!" Über diesen Satz sollen wir viel öfter nachdenken und sprechen. Die Christen der Urkirche waren begeistert von der Hoffnung auf Christi Wiederkunft, sie haben das Kommen des Herrn sogar in ganz naher Zukunft erwartet. Erst nach und nach setzte sich die Einsicht durch, daß das Ende der Geschichte noch in weiter Ferne liegen kann. Aber für die Christen war das keine Terminfrage. Es gab keinerlei Krise, als sich die Naherwartung nicht erfüllte. Ich finde, daß wir von ihnen lernen können: Jesu Ankunft steht immer unmittelbar bevor. Christ sein heißt in Erwartung leben!

Manchmal treten Leute auf, die ganz genau wissen wollen, wann es soweit ist – obwohl uns die Bibel sagt, daß keiner Tag und Stunde kennt (Markus 13,32). Sie weisen auf die Kriege und Katastrophen hin, die Jesus als Vorzeichen des Endes angekündigt hat. Dies sind aber keine Termin-Hinweise. Vielmehr hat Jesus durch diese Ankündigung alle Schrecken dieser Welt umgewertet: Für uns sind sie Zeichen des kommenden Heiles! Auch der „Antichrist", dessen Auftreten dem Ende vorausgehen wird (2. Thessalonicherbrief 2,4), ist keine bestimmte Person der Geschichte – die Welt ist voll von solchen Gegnern Gottes, aber ihre Macht soll uns nicht schrecken, weil Jesus am Ende Sieger sein wird.

So erwarten wir von Jesus die Vollendung der Geschichte. Das ist eine frohmachende Botschaft – und zugleich eine Sache von großer Gegenwartsbedeutung: Nicht wir schaffen die Vollendung der Welt, sondern der Herr wird dies tun. Wer das begriffen hat, wird keinem Verkünder irdischer Paradiese mehr folgen. Wir Christen werden uns vom Auf und Ab der Weltgeschichte nicht irremachen lassen. Wir sollen tapfer für Gerechtigkeit in der Welt kämpfen, sollen Gutes tun, soviel wir können, aber wir sollen die Vollendung nicht von uns selbst erwarten. So bewahrt uns die Hoffnung auf den Sieger und Richter Jesus Christus vor schlimmen Utopien, die – wie die Geschichte beweist – nur allzuleicht in Blut und Tränen enden.

Trügerische Hoffnung auf irdische Paradiese – und lahmes Resignieren ohne Hoffnung: Vor beidem bewahrt uns die Botschaft von Christi Kommen in Herrlichkeit. Auch hier, liebe Kerstin, hilft uns der Glaube, das Leben zu meistern.

Herzlich grüßt Dich Dein Franz

Weltgericht, Himmel, Hölle, Fegefeuer

Die Welt wird neu im Sieg Christi

Liebe Kerstin!

So haben wir also nach und nach das ganze Glaubensbekenntnis miteinander bedacht. Ich freue mich, daß heute noch einmal von unserer Hoffnung die Rede ist – darum ist es mir nämlich in allen meinen Briefen gegangen: Du, liebe Kerstin, sollst nicht angesteckt werden von der Hoffnungslosigkeit unserer Zeit. Du sollst aus dem Glauben die Zuversicht schöpfen, daß Gott einmal alles zum Guten führen wird, daß wir selber einmal in den Himmel kommen werden, wenn unsere Zeit abgelaufen ist.

Der *Himmel* – damit ist natürlich nicht ein Platz oben bei den Engelchen über den Wolken gemeint. Die vielen Bilder, die die Bibel verwendet, wollen sagen: Der Himmel ist die ewige Gemeinschaft des Menschen mit Gott. Wir werden ihn schauen, wir werden in ihm glücklich sein, erfüllt von Liebe, Freude und Frieden, vereint auch untereinander in vollendet guter Gemeinschaft. Wie oft habe ich bei all unseren Überlegungen an Deinen Vater gedacht: Du darfst hoffen, liebe Kerstin, auch ihn wiederzusehen. Gott will die ganze Schöpfung, die ganze Weltgeschichte in seine Herrlichkeit aufnehmen, er will unsere guten Taten belohnen – obwohl sie doch nur durch seine Gnade zustande gekommen sind. So wird es unterschiedliche Grade von Seligkeit geben, wie es unterschiedlich große Gefäße gibt – die jedoch alle gefüllt sind: Im Himmel wird jeder zum vollen Maß seines Glückes gelangen.

Und die *Hölle*? Muß uns die Lehre von der ewigen Verdammnis nicht alle Freude zerstören? Widerspricht sie nicht der Barmherzigkeit Gottes? Es kann kein Zweifel sein, daß Jesus die Lehre des Alten Testamentes bestätigt: Es gibt Sünden, die so abgrundtief böse sind, daß sie die endgültige Trennung von Gott bewirken. Der Mensch muß wählen zwischen Leben und Tod. Gott achtet seine Freiheit bis zur letzten Konsequenz. Die Kirche verkündet die Lehre von der Hölle als einer realen Möglichkeit. Damit will sie jedem die Tragweite seines Tuns klarmachen und ihn zum Heile führen. Ob es tatsächlich am Ende einen Menschen geben wird, der ewig verdammt ist – darüber sagt uns die Bibel nichts. Aber ewig von Gott getrennt sein, von ihm, der unser Leben ist – das wäre in der Tat die Hölle.

Glücklicherweise trennt nur eine unsagbar schwere Schuld von Gott. Jedoch müssen wir zugeben: Wir werden wohl kaum ganz rein und ohne Tadel vor ihm stehen, wenn er uns einmal abruft. So dürfen wir es als Zeichen der göttlichen Barmherzigkeit betrachten, daß uns die Möglichkeit der Reinigung und Läuterung gegeben wird. Wir sind dann „arme Seelen", weil wir selber nichts mehr zu unserem Heil tun können und weil uns das Feuer der göttlichen Liebe wegen unserer Sünden Schmerz bereitet (daher der Begriff *„Fegefeuer"*). Aber wir sind zugleich doch reich, denn wir gehören am Ort der Reinigung zu Gott, zur Gemeinschaft der Heiligen, können uns getragen fühlen vom Gebet, das die Kirche für die Verstorbenen verrichtet, ja wir können selber Fürbitte einlegen.

Laß es mich so zusammenfassen: Der Himmel – das ist Gott, den wir für immer gewonnen haben. Die Hölle – das ist Gott, den wir für immer verloren haben. Das Fegefeuer – das ist Gott, den wir schmerzlich erwarten, während er uns reinigt und heiligt.

Am Ende wird Gott einen neuen Himmel und eine neue Erde heraufführen, die Bibel spricht vom himmlischen Hochzeitsmahl oder von der heiligen Stadt Jerusalem, in der Gott unter den Menschen wohnen wird. Die ganze Schöpfung wird von Grund auf neu werden. Unvorstellbar Schönes steht uns bevor. Laß Dir die Hoffnung auf all diese Herrlichkeit niemals rauben, was immer Dir auch in Deinem Leben passieren mag!

Das wünscht Dir,
liebe Kerstin, von ganzem Herzen,
Dein Franz

Unsere Zukunft

☞ Tod: Ende des irdischen Lebens und Durchgang zum ewigen Leben. Der Leib verwest; unser „Ich", unsere Seele, lebt weiter und harrt auf Vollendung.

☞ Gericht: Im Sterben treten wir Gott, der ewigen Wahrheit, gegenüber. Alle Täuschung und Selbsttäuschung hört auf. Gut und Böse in unserem Leben treten klar zutage.

☞ Himmel: Wir werden Gott schauen und in vollendetem Glück für immer bei ihm leben.

☞ Hölle: Die endgültige, eigenverantwortete und grundsätzliche Abwendung und Trennung von Gott.

☞ Fegefeuer: Nach dem Sterben müssen die meisten wegen ihrer Sünden und „Altlasten" des Lebens eine Läuterung durchlaufen, bevor sie zur Herrlichkeit des Himmels gelangen.

☞ Auferstehung der Toten: Am Ende will uns Gott als ganze Menschen, mit Leib und Seele, zur Herrlichkeit führen.

☞ Weltgericht und Weltvollendung: Christus wird kommen. Satan und Sünde werden endgültig besiegt sein, die ganze Schöpfung wird neu werden in der Herrlichkeit Gottes.

Aus der Offenbarung des Johannes (21,2 – 5):

Ich sah die heilige Stadt, das neue Jerusalem, von Gott her aus dem Himmel herabkommen; sie war bereit wie eine Braut, die sich für ihren Mann geschmückt hat. Da hörte ich eine laute Stimme vom Thron her rufen: Seht die Wohnung Gottes unter den Menschen! Er wird in ihrer Mitte wohnen, und sie werden sein Volk sein; und er, Gott, wird bei ihnen sein. Er wird alle Tränen von ihren Augen abwischen: Der Tod wird nicht mehr sein, keine Trauer, keine Klage keine Mühsal. Denn was früher war, ist vergangen. Er, der auf dem Throne saß, sprach: Seht, ich mache alles neu.

Inhalt

Das Wirken des Heiligen Geistes 78

Verzeichnis der Merksätze

Quellen- und Abbildungsverzeichnis